Hermann Schulz-Borck | Hans-Joachim Günther

Der Haushaltsführungsschaden

Entgelttabellen TVöD/Bund zur Bewertung von Personenschäden in der Haushaltsführung

(Stand: Februar 2017)

zu

D1704959

Frank Pardey

Der Haushaltsführungsschaden

Schadenersatz bei Beeinträchtigung oder Ausfall unentgeltlicher Arbeit in Privathaushalten

Mit Berechnungstabellen, Formularen, Übersichten, Beispielen

Begründet von Dr. Hermann Schulz-Borck und Prof. Dr. Edgar Hofmann unter dem Titel „Schadenersatz bei Ausfall von Hausfrauen und Müttern im Haushalt“, fortgeführt von Dr. Hermann Schulz-Borck und Frank Pardey in der 7. Auflage, 8., vollständig überarbeitete und ergänzte Auflage

vvw.de

Bibliografische Information der Deutschen Nationalbibliothek

Die Deutsche Nationalbibliothek verzeichnet diese Publikation
in der Deutschen Nationalbibliografie;
detaillierte bibliografische Daten sind im Internet über
http://dnb.d-nb.de abrufbar.

© 2017 Verlag Versicherungswirtschaft GmbH Karlsruhe

Das Werk einschließlich aller seiner Teile ist urheberrechtlich geschützt. Jede
Verwertung, die nicht ausdrücklich vom Urhebergesetz zugelassen ist, bedarf
der vorherigen Zustimmung des Verlags Versicherungswirtschaft GmbH, Karlsruhe.
Jegliche unzulässige Nutzung des Werkes berechtigt den Verlag Versicherungs-
wirtschaft GmbH zum Schadenersatz gegen den oder die jeweiligen Nutzer.
Bei jeder autorisierten Nutzung des Werkes ist die folgende Quellenangabe an
branchenüblicher Stelle vorzunehmen:
© 2017 Verlag Versicherungswirtschaft GmbH Karlsruhe

Jegliche Nutzung ohne die Quellenangabe in der vorstehenden Form berechtigt
den Verlag Versicherungswirtschaft GmbH zum Schadenersatz gegen den oder
die jeweiligen Nutzer.

ISBN   978-3-89952-956-2

Vorbemerkung

Die vorliegenden Entgelttabellen (Stand: Februar 2017) sind eine unentbehrliche Ergänzung zum Grundwerk „Der Haushaltsführungsschaden". Im Grundwerk, begründet von Dr. Hermann Schulz-Borck, fortgeführt von Frank Pardey, wird erläutert, wie Schadenersatz bei Beeinträchtigung oder Ausfall unentgeltlicher Arbeit in Privathaushalten zeitlich berechnet wird.

Die Entgelttabellen liefern dazu ergänzend die tariflich vorgegebenen Stundenverrechnungssätze, die sich im Tarifvertrag für den öffentlichen Dienst (TVöD) finden und an denen sich auch die Rechtsprechung orientieren kann. Die Anwendung dieser Tabellen wurde vom BGH wiederholt gebilligt.

Die zum 1.1.2017 erfolgten Änderungen des Einkommensteuertarifs (§ 32a EStG) und der Beitragsbemessungsgrenzen in der Sozialversicherung, die Erhöhung des Beitragssatzes in der Pflegeversicherung sowie die ab 1.2.2017 zu zahlende Entgelterhöhung um weitere 2,35 % für die Tarifbeschäftigten des Bundes machten eine Neuberechnung der Entgelttabellen erforderlich. Obwohl die Stunden- und Monatsentgelte seit 1.4.2008 für die alten und neuen Bundesländer gleich sind, ergeben sich wegen der nach wie vor unterschiedlichen Bemessungsgrenzen und Sonderzahlungen für die Brutto- und Nettobeträge Abweichungen. Das macht weiterhin die Trennung in West und Ost erforderlich.

Im Einzelnen enthält diese Veröffentlichung die folgenden Tabellen:

Tabelle 1.1: Monatsentgelte 1–70 Stunden/Woche TVöD/Bund/West 5
(Entgelte ab 1.3.2016 bis 31.1.2017)

Tabelle 1.2: Monatsentgelte 1–70 Stunden/Woche TVöD/Bund/West 11
(Entgelte ab 1.2.2017 bis 28.2.2018)

Tabelle 1.3: Monatliche Überstundenentgelte 40–70 Stunden/Woche TVöD/Bund/West .. 17
(Entgelte ab 1.3.2016 bis 31.1.2017)

Tabelle 1.4: Monatliche Überstundenentgelte 40–70 Stunden/Woche TVöD/Bund/West .. 20
(Entgelte ab 1.2.2017 bis 28.2.2018)

Tabelle 2.1: Monatsentgelte 1–70 Stunden/Woche TVöD/Bund/Ost 23
(Entgelte ab 1.3.2016 bis 31.1.2017)

Tabelle 2.2: Monatsentgelte 1–70 Stunden/Woche TVöD/Bund/Ost 29
(Entgelte ab 1.2.2017 bis 28.2.2018)

Tabelle 2.3: Monatliche Überstundenentgelte 40–70 Stunden/Woche TVöD/Bund/Ost..... 35
(Entgelte ab 1.3.2016 bis 31.1.2017)

Tabelle 2.4: Monatliche Überstundenentgelte 40–70 Stunden/Woche TVöD/Bund/Ost..... 38
(Entgelte ab 1.2.2017 bis 28.2.2018)

Tabelle 3a: Entgelttabelle (Monat) TVöD/Bund/West und Ost.. 41
(Entgelte ab 1.3.2016 bis 31.1.2017)

Tabelle 3b: Entgelttabelle (Monat) TVöD/Bund/West und Ost.. 42
(Entgelte ab 1.2.2017 bis 28.2.2018)

3

Tabelle 1.1

Monatsentgelte in €*) bei Wochenarbeitszeiten von 1–70 Stunden in den Entgeltgruppen 1 bis 11 des TVöD/Bund/West

Ledige (Grundtabelle)	Einkommensteuertarif ab 2017 (unter Einschluss des Solidaritätszuschlages [5,5 %])
Entgelte ab 1.3.2016 bis 31.1.2017	Sozialversicherung einschließlich Pflegeversicherung ab 1.1.2017

*) Monatsentgelt:
Arbeitszeit in Std./Woche x 4,348 x Stundenentgelt einschließlich anteilige Jahressonderzahlung.

Brutto:
Ohne Arbeitgeberanteil zur Sozialversicherung.

Steuer:
Berechnung nach dem Einkommensteuertarif 2017 unter Berücksichtigung der Vorsorgepauschale ab 2010, in: BGBl., T. I, Nr. 57 v. 22.11.2010, S. 1544 ff. Vgl. Gesetz zur verbesserten steuerlichen Berücksichtigung von Vorsorgeaufwendungen (Bürgerentlastungsgesetz Krankenversicherung), in: BGBl., T. I, Nr. 43 v. 22.7.2009, S. 1959 ff. – Steuervereinfachungsgesetz 2011, in: BGBl., T. I, Nr. 55 v. 4.11.2011, S. 2131 ff. Vgl. Gesetz zum Abbau der kalten Progression, in: BGBl., T. I, Nr. 9 v. 25.2.2013, S. 283 ff. – Steueränderungsgesetz (StÄndG) 2015, in: BGBl., T. I, Nr. 43 v. 5.11.2015, S. 1834 ff. Gesetz zur Umsetzung der Änderungen der EU-Amtshilferichtlinie und von weiteren Maßnahmen gegen Gewinnkürzungen und -verlagerungen, in: BGBl., T. I, Nr. 63 v. 23.12.2016, S. 3000 ff.

Sozialversicherung:
Ab 1.1.2015 ist der allgemeine Beitragssatz für die Gesetzliche Krankenversicherung mit 14,6 % festgeschrieben, Arbeitnehmer und Arbeitgeber je 7,3 %. Vgl. Gesetz zur Weiterentwicklung der Finanzstruktur und der Qualität in der Gesetzlichen Krankenversicherung (GKV-FQWG), in: BGBl., T. I, Nr. 33 vom 24.7.2014, S. 1133 ff.
Benötigen die Kassen mehr Geld, können sie Zusatzbeiträge erheben, mit denen nur die Arbeitnehmer belastet werden. Da die Zusatzbeiträge bei den einzelnen Krankenkassen unterschiedlich hoch sein können, wird bei den nachfolgenden Tabellen ein durchschnittlicher Zusatzbeitragssatz von 1,1 % einbezogen. Vgl. Bundesministerium für Gesundheit, Bekanntmachung des durchschnittlichen Zusatzbeitragssatzes für das Jahr 2017, veröffentlicht im Bundesanzeiger vom 27.10.2016 (Banz AT 27.10.2016 B5).
Bei einem Arbeitsentgelt bis 450,00 €/Monat besteht für den Arbeitnehmer Versicherungsfreiheit. Mehrere geringfügige Beschäftigungen sind zusammenzurechnen. Vgl. Gesetz zur Neuregelung der geringfügigen Beschäftigungsverhältnisse, in: BGBl., T. I., Nr. 14 v. 29.3.1999, S. 388 ff.
Bei Entgelten über 4350,00 € wurde der Krankenversicherungsbeitrag – wegen Überschreitung der Versicherungspflichtgrenze – nicht in Abzug gebracht. Für die Pflegeversicherung wurde der Höchstsatz eingerechnet. Die Beitragsbemessungsgrenze in der Renten- und Arbeitslosenversicherung beträgt in den alten Bundesländern 6350,00 €/Monat.
(Zu den Beitragssätzen vgl. Tabelle 3a, Fußnote 3)
Altersrentner sind frei in der Rentenversicherung. Es fällt lediglich der Arbeitgeberanteil an. Nach Vollendung des 65. Lebensjahres entfällt die Arbeitslosenversicherung. Ebenso sind Erwerbsunfähigkeitsrentner frei in der Arbeitslosenversicherung. Beiträge zur Pflegeversicherung tragen Rentner in voller Höhe.

noch Tabelle 1.1

Std.	Std.-Entgelt: (BAT X) TVöD E.-Gr.1 10,26 €						Std.-Entgelt: (BAT IXb/a) TVöD E.-Gr.2 12,76 €					
	Brutto	Steuern	Sozial- vers.	Summe Abzüge €	%	Netto	Brutto	Steuern	Sozial- vers.	Summe Abzüge €	%	Netto
1,0	47,96	,00	,00	,00	,0	47,96	59,64	,00	,00	,00	,0	59,64
2,0	95,91	,00	,00	,00	,0	95,91	119,28	,00	,00	,00	,0	119,28
3,0	143,87	,00	,00	,00	,0	143,87	178,92	,00	,00	,00	,0	178,92
4,0	191,83	,00	,00	,00	,0	191,83	238,57	,00	,00	,00	,0	238,57
5,0	239,78	,00	,00	,00	,0	239,78	298,21	,00	,00	,00	,0	298,21
6,0	287,74	,00	,00	,00	,0	287,74	357,85	,00	,00	,00	,0	357,85
7,0	335,69	,00	,00	,00	,0	335,69	417,49	,00	,00	,00	,0	417,49
8,0	383,65	,00	,00	,00	,0	383,65	477,13	,00	99,12	99,12	20,8	378,01
9,0	431,61	,00	,00	,00	,0	431,61	536,77	,00	111,51	111,51	20,8	425,26
10,0	479,56	,00	99,63	99,63	20,8	379,93	596,42	,00	123,91	123,91	20,8	472,51
11,0	527,52	,00	109,59	109,59	20,8	417,93	656,06	,00	136,30	136,30	20,8	519,76
12,0	575,48	,00	119,55	119,55	20,8	455,92	715,70	,00	148,69	148,69	20,8	567,01
13,0	623,43	,00	129,52	129,52	20,8	493,91	775,34	,00	161,08	161,08	20,8	614,26
14,0	671,39	,00	139,48	139,48	20,8	531,91	834,98	,00	173,47	173,47	20,8	661,51
15,0	719,34	,00	149,44	149,44	20,8	569,90	894,62	,00	185,86	185,86	20,8	708,76
16,0	767,30	,00	159,41	159,41	20,8	607,89	954,26	,00	198,25	198,25	20,8	756,02
17,0	815,26	,00	169,37	169,37	20,8	645,89	1013,91	,80	210,64	211,44	20,9	802,47
18,0	863,21	,00	179,33	179,33	20,8	683,88	1073,55	8,00	223,03	231,03	21,5	842,52
19,0	911,17	,00	189,30	189,30	20,8	721,87	1133,19	15,70	235,42	251,12	22,2	882,07
20,0	959,13	,00	199,26	199,26	20,8	759,87	1192,83	24,00	247,81	271,81	22,8	921,02
21,0	1007,08	,00	209,22	209,22	20,8	797,86	1252,47	33,00	260,20	293,20	23,4	959,27
22,0	1055,04	5,70	219,18	224,88	21,3	830,15	1312,11	42,40	272,59	314,99	24,0	997,12
23,0	1102,99	11,80	229,15	240,95	21,8	862,05	1371,75	53,70	284,98	338,68	24,7	1033,07
24,0	1150,95	18,10	239,11	257,21	22,3	893,74	1431,40	66,00	297,37	363,37	25,4	1068,02
25,0	1198,91	24,90	249,07	273,97	22,9	924,93	1491,04	79,20	309,76	388,96	26,1	1102,07
26,0	1246,86	32,00	259,04	291,04	23,3	955,83	1550,68	94,90	322,15	417,05	26,9	1133,63
27,0	1294,82	39,60	269,00	308,60	23,8	986,22	1610,32	111,40	334,54	445,94	27,7	1164,38
28,0	1342,78	48,00	278,96	326,96	24,3	1015,81	1669,96	126,10	346,93	473,03	28,3	1196,93
29,0	1390,73	57,50	288,92	346,42	24,9	1044,31	1729,60	139,40	359,33	498,73	28,8	1230,88
30,0	1438,69	67,50	298,89	366,39	25,5	1072,30	1789,25	152,70	371,72	524,42	29,3	1264,83
31,0	1486,64	78,00	308,85	386,85	26,0	1099,79	1848,89	166,20	384,11	550,31	29,8	1298,58
32,0	1534,60	90,60	318,81	409,41	26,7	1125,19	1908,53	179,90	396,50	576,40	30,2	1332,13
33,0	1582,56	103,70	328,78	432,48	27,3	1150,08	1968,17	193,70	408,89	602,59	30,6	1365,58
34,0	1630,51	117,00	338,74	455,74	28,0	1174,77	2027,81	207,60	421,28	628,88	31,0	1398,93
35,0	1678,47	128,00	348,70	476,70	28,4	1201,77	2087,45	221,70	433,67	655,37	31,4	1432,08
36,0	1726,43	138,60	358,66	497,26	28,8	1229,16	2147,09	235,90	446,06	681,96	31,8	1465,14
37,0	1774,38	149,40	368,63	518,03	29,2	1256,35	2206,74	250,30	458,45	708,75	32,1	1497,99
38,0	1822,34	160,20	378,59	538,79	29,6	1283,55	2266,38	264,80	470,84	735,64	32,5	1530,74
39,0	1870,29	171,10	388,55	559,65	29,9	1310,64	2326,02	279,50	483,23	762,73	32,8	1563,29
40,0	1918,25	182,10	398,52	580,62	30,3	1337,63	2385,66	294,20	495,62	789,82	33,1	1595,84
41,0	1966,21	193,20	408,48	601,68	30,6	1364,53	2445,30	309,10	508,01	817,11	33,4	1628,19
42,0	2014,16	204,40	418,44	622,84	30,9	1391,32	2504,94	324,20	520,40	844,60	33,7	1660,34
43,0	2062,12	215,70	428,41	644,11	31,2	1418,01	2564,59	339,40	532,79	872,19	34,0	1692,39
44,0	2110,08	227,00	438,37	665,37	31,5	1444,71	2624,23	354,80	545,18	899,98	34,3	1724,24
45,0	2158,03	238,50	448,33	686,83	31,8	1471,20	2683,87	370,30	557,57	927,87	34,6	1755,99
46,0	2205,99	250,00	458,29	708,29	32,1	1497,69	2743,51	385,90	569,96	955,86	34,8	1787,65
47,0	2253,94	261,70	468,26	729,96	32,4	1523,99	2803,15	401,70	582,35	984,05	35,1	1819,10
48,0	2301,90	273,50	478,22	751,72	32,7	1550,18	2862,79	417,60	594,75	1012,35	35,4	1850,45
49,0	2349,86	285,30	488,18	773,48	32,9	1576,37	2922,43	433,70	607,14	1040,84	35,6	1881,60
50,0	2397,81	297,20	498,15	795,35	33,2	1602,47	2982,08	449,90	619,53	1069,43	35,9	1912,65
51,0	2445,77	309,30	508,11	817,41	33,4	1628,36	3041,72	466,30	631,92	1098,22	36,1	1943,50
52,0	2493,73	321,40	518,07	839,47	33,7	1654,25	3101,36	482,80	644,31	1127,11	36,3	1974,25
53,0	2541,68	333,50	528,03	861,53	33,9	1680,15	3161,00	499,40	656,70	1156,10	36,6	2004,90
54,0	2589,64	345,90	538,00	883,90	34,1	1705,74	3220,64	516,20	669,09	1185,29	36,8	2035,35
55,0	2637,59	358,20	547,96	906,16	34,4	1731,43	3280,28	533,10	681,48	1214,58	37,0	2065,70
56,0	2685,55	370,70	557,92	928,62	34,6	1756,93	3339,92	550,20	693,87	1244,07	37,2	2095,86
57,0	2733,51	383,30	567,89	951,19	34,8	1782,32	3399,57	567,40	706,26	1273,66	37,5	2125,91
58,0	2781,46	395,90	577,85	973,75	35,0	1807,71	3459,21	584,70	718,65	1303,35	37,7	2155,86
59,0	2829,42	408,70	587,81	996,51	35,2	1832,91	3518,85	602,20	731,04	1333,24	37,9	2185,61
60,0	2877,38	421,50	597,77	1019,27	35,4	1858,10	3578,49	619,90	743,43	1363,33	38,1	2215,16
61,0	2925,33	434,50	607,74	1042,24	35,6	1883,09	3638,13	637,60	755,82	1393,42	38,3	2244,71
62,0	2973,29	447,50	617,70	1065,20	35,8	1908,09	3697,77	655,50	768,21	1423,71	38,5	2274,06
63,0	3021,24	460,60	627,66	1088,26	36,0	1932,98	3757,42	673,60	780,60	1454,20	38,7	2303,21
64,0	3069,20	473,90	637,63	1111,53	36,2	1957,67	3817,06	691,80	792,99	1484,79	38,9	2332,26
65,0	3117,16	487,10	647,59	1134,69	36,4	1982,47	3876,70	710,10	805,38	1515,48	39,1	2361,21
66,0	3165,11	500,50	657,55	1158,05	36,6	2007,06	3936,34	728,60	817,77	1546,37	39,3	2389,97
67,0	3213,07	514,00	667,52	1181,52	36,8	2031,55	3995,98	747,30	830,17	1577,47	39,5	2418,52
68,0	3261,03	527,60	677,48	1205,08	37,0	2055,95	4055,62	766,00	842,56	1608,56	39,7	2447,07
69,0	3308,98	541,30	687,44	1228,74	37,1	2080,24	4115,26	784,90	854,95	1639,85	39,8	2475,42
70,0	3356,94	555,00	697,40	1252,40	37,3	2104,53	4174,91	804,00	867,34	1671,34	40,0	2503,57

noch Tabelle 1.1

	Std.-Entgelt: (BAT VIII) TVöD E.-Gr.3 13,76 €						Std.-Entgelt: (BAT VII) TVöD E.-Gr.5 14,97 €					
Std.	Brutto	Steuern	Sozial-vers.	Summe €	Abzüge %	Netto	Brutto	Steuern	Sozial-vers.	Summe €	Abzüge %	Netto
1,0	64,32	,00	,00	,00	,0	64,32	69,97	,00	,00	,00	,0	69,97
2,0	128,63	,00	,00	,00	,0	128,63	139,94	,00	,00	,00	,0	139,94
3,0	192,95	,00	,00	,00	,0	192,95	209,91	,00	,00	,00	,0	209,91
4,0	257,26	,00	,00	,00	,0	257,26	279,89	,00	,00	,00	,0	279,89
5,0	321,58	,00	,00	,00	,0	321,58	349,86	,00	,00	,00	,0	349,86
6,0	385,89	,00	,00	,00	,0	385,89	419,83	,00	,00	,00	,0	419,83
7,0	450,21	,00	93,53	93,53	20,8	356,68	489,80	,00	101,76	101,76	20,8	388,04
8,0	514,52	,00	106,89	106,89	20,8	407,63	559,77	,00	116,29	116,29	20,8	443,48
9,0	578,84	,00	120,25	120,25	20,8	458,59	629,74	,00	130,83	130,83	20,8	498,91
10,0	643,16	,00	133,62	133,62	20,8	509,54	699,71	,00	145,37	145,37	20,8	554,35
11,0	707,47	,00	146,98	146,98	20,8	560,49	769,68	,00	159,90	159,90	20,8	609,78
12,0	771,79	,00	160,34	160,34	20,8	611,45	839,66	,00	174,44	174,44	20,8	665,22
13,0	836,10	,00	173,70	173,70	20,8	662,40	909,63	,00	188,97	188,97	20,8	720,65
14,0	900,42	,00	187,06	187,06	20,8	713,36	979,60	,00	203,51	203,51	20,8	776,09
15,0	964,73	,00	200,42	200,42	20,8	764,31	1049,57	5,00	218,05	223,05	21,3	826,52
16,0	1029,05	2,60	213,79	216,39	21,0	812,66	1119,54	14,00	232,58	246,58	22,0	872,96
17,0	1093,37	10,50	227,15	237,65	21,7	855,72	1189,51	23,50	247,12	270,62	22,8	918,89
18,0	1157,68	19,00	240,51	259,51	22,4	898,17	1259,48	34,00	261,66	295,66	23,5	963,83
19,0	1222,00	28,30	253,87	282,17	23,1	939,83	1329,45	45,40	276,19	321,59	24,2	1007,86
20,0	1286,31	38,20	267,23	305,43	23,7	980,88	1399,43	59,40	290,73	350,13	25,0	1049,29
21,0	1350,63	49,60	280,59	330,19	24,4	1020,43	1469,40	74,20	305,27	379,47	25,8	1089,93
22,0	1414,94	62,50	293,95	356,45	25,2	1058,49	1539,37	91,90	319,80	411,70	26,7	1127,66
23,0	1479,26	76,50	307,32	383,82	25,9	1095,44	1609,34	111,00	334,34	445,34	27,7	1164,00
24,0	1543,57	93,00	320,68	413,68	26,8	1129,90	1679,31	128,20	348,88	477,08	28,4	1202,23
25,0	1607,89	110,70	334,04	444,74	27,7	1163,15	1749,28	143,80	363,41	507,21	29,0	1242,07
26,0	1672,21	126,60	347,40	474,00	28,3	1198,21	1819,25	159,40	377,95	537,35	29,5	1281,90
27,0	1736,52	140,90	360,76	501,66	28,9	1234,86	1889,22	175,40	392,49	567,89	30,1	1321,34
28,0	1800,84	155,40	374,12	529,52	29,4	1271,31	1959,20	191,60	407,02	598,62	30,6	1360,57
29,0	1865,15	169,90	387,49	557,39	29,9	1307,77	2029,17	208,00	421,56	629,56	31,0	1399,61
30,0	1929,47	184,70	400,85	585,55	30,3	1343,92	2099,14	224,50	436,10	660,60	31,5	1438,54
31,0	1993,78	199,60	414,21	613,81	30,8	1379,98	2169,11	241,20	450,63	691,83	31,9	1477,28
32,0	2058,10	214,70	427,57	642,27	31,2	1415,83	2239,08	258,10	465,17	723,27	32,3	1515,81
33,0	2122,42	230,00	440,93	670,93	31,6	1451,48	2309,05	275,20	479,71	754,91	32,7	1554,15
34,0	2186,73	245,50	454,29	699,79	32,0	1486,94	2379,02	292,50	494,24	786,74	33,1	1592,28
35,0	2251,05	261,00	467,65	728,65	32,4	1522,39	2448,99	310,00	508,78	818,78	33,4	1630,22
36,0	2315,36	276,80	481,02	757,82	32,7	1557,55	2518,97	327,80	523,32	851,12	33,8	1667,85
37,0	2379,68	292,70	494,38	787,08	33,1	1592,60	2588,94	345,70	537,85	883,55	34,1	1705,39
38,0	2443,99	308,80	507,74	816,54	33,4	1627,45	2658,91	363,80	552,39	916,19	34,5	1742,72
39,0	2508,31	325,00	521,10	846,10	33,7	1662,21	2728,88	382,00	566,92	948,92	34,8	1779,95
40,0	2572,62	341,40	534,46	875,86	34,0	1696,76	2798,85	400,50	581,46	981,96	35,1	1816,89
41,0	2636,94	358,00	547,82	905,82	34,4	1731,12	2868,82	419,20	596,00	1015,20	35,4	1853,62
42,0	2701,26	374,90	561,19	936,09	34,7	1765,17	2938,79	438,10	610,53	1048,63	35,7	1890,16
43,0	2765,57	391,70	574,55	966,25	34,9	1799,32	3008,76	457,20	625,07	1082,27	36,0	1926,49
44,0	2829,89	408,90	587,91	996,81	35,2	1833,08	3078,74	476,50	639,61	1116,11	36,3	1962,63
45,0	2894,20	426,00	601,27	1027,27	35,5	1866,93	3148,71	496,00	654,14	1150,14	36,5	1998,56
46,0	2958,52	443,50	614,63	1058,13	35,8	1900,39	3218,68	515,60	668,68	1184,28	36,8	2034,40
47,0	3022,83	461,00	627,99	1088,99	36,0	1933,84	3288,65	535,50	683,22	1218,72	37,1	2069,93
48,0	3087,15	478,80	641,36	1120,16	36,3	1966,99	3358,62	555,50	697,75	1253,25	37,3	2105,37
49,0	3151,47	496,70	654,72	1151,42	36,5	2000,05	3428,59	575,80	712,29	1288,09	37,6	2140,50
50,0	3215,78	514,80	668,08	1182,88	36,8	2032,90	3498,56	596,20	726,83	1323,03	37,8	2175,54
51,0	3280,10	533,00	681,44	1214,44	37,0	2065,66	3568,53	616,90	741,36	1358,26	38,1	2210,27
52,0	3344,41	551,50	694,80	1246,30	37,3	2098,11	3638,51	637,70	755,90	1393,60	38,3	2244,91
53,0	3408,73	570,00	708,16	1278,16	37,5	2130,56	3708,48	658,80	770,44	1429,24	38,5	2279,24
54,0	3473,04	588,80	721,52	1310,32	37,7	2162,72	3778,45	680,00	784,97	1464,97	38,8	2313,48
55,0	3537,36	607,60	734,89	1342,49	38,0	2194,87	3848,42	701,40	799,51	1500,91	39,0	2347,51
56,0	3601,67	626,70	748,25	1374,95	38,2	2226,73	3918,39	723,00	814,05	1537,05	39,2	2381,35
57,0	3665,99	645,90	761,61	1407,51	38,4	2258,48	3988,36	744,90	828,58	1573,48	39,5	2414,88
58,0	3730,31	665,40	774,97	1440,37	38,6	2289,93	4058,33	766,90	843,12	1610,02	39,7	2448,31
59,0	3794,62	684,90	788,33	1473,23	38,8	2321,39	4128,31	789,10	857,66	1646,76	39,9	2481,55
60,0	3858,94	704,60	801,69	1506,29	39,0	2352,64	4198,28	811,50	872,19	1683,69	40,1	2514,58
61,0	3923,25	724,50	815,06	1539,56	39,2	2383,70	4268,25	834,10	886,73	1720,83	40,3	2547,42
62,0	3987,57	744,60	828,42	1573,02	39,4	2414,55	4338,22	857,00	901,27	1758,27	40,5	2579,95
63,0	4051,88	764,90	841,78	1606,68	39,7	2445,20	4408,19	882,10	544,63	1426,73	32,4	2981,46
64,0	4116,20	785,20	855,14	1640,34	39,9	2475,86	4478,16	908,00	552,22	1460,22	32,6	3017,94
65,0	4180,51	805,80	868,50	1674,30	40,1	2506,21	4548,13	934,10	559,81	1493,91	32,8	3054,22
66,0	4244,83	826,50	881,86	1708,36	40,2	2536,47	4618,10	960,50	567,40	1527,90	33,1	3090,20
67,0	4309,15	847,40	895,23	1742,63	40,4	2566,52	4688,08	987,00	575,00	1562,00	33,3	3126,08
68,0	4373,46	869,40	540,86	1410,26	32,2	2963,20	4758,05	1014,00	582,59	1596,59	33,6	3161,46
69,0	4437,78	893,00	547,84	1440,84	32,5	2996,94	4828,02	1041,00	590,18	1631,18	33,8	3196,84
70,0	4502,09	916,90	554,82	1471,72	32,7	3030,38	4897,99	1068,40	597,77	1666,17	34,0	3231,82

noch Tabelle 1.1

	Std.-Entgelt: (BAT VIa/b) TVöD E.-Gr.6 15,61 €						Std.-Entgelt: (BAT VC) TVöD E.-Gr.8 16,90 €					
			Sozial-	Summe Abzüge					Sozial-	Summe Abzüge		
Std.	Brutto	Steuern	vers.	€	%	Netto	Brutto	Steuern	vers.	€	%	Netto
1,0	72,96	,00	,00	,00	,0	72,96	78,99	,00	,00	,00	,0	78,99
2,0	145,93	,00	,00	,00	,0	145,93	157,98	,00	,00	,00	,0	157,98
3,0	218,89	,00	,00	,00	,0	218,89	236,98	,00	,00	,00	,0	236,98
4,0	291,85	,00	,00	,00	,0	291,85	315,97	,00	,00	,00	,0	315,97
5,0	364,81	,00	,00	,00	,0	364,81	394,96	,00	,00	,00	,0	394,96
6,0	437,78	,00	,00	,00	,0	437,78	473,95	,00	98,46	98,46	20,8	375,49
7,0	510,74	,00	106,11	106,11	20,8	404,63	552,95	,00	114,87	114,87	20,8	438,07
8,0	583,70	,00	121,26	121,26	20,8	462,44	631,94	,00	131,29	131,29	20,8	500,65
9,0	656,66	,00	136,42	136,42	20,8	520,24	710,93	,00	147,70	147,70	20,8	563,23
10,0	729,63	,00	151,58	151,58	20,8	578,05	789,92	,00	164,11	164,11	20,8	625,82
11,0	802,59	,00	166,74	166,74	20,8	635,85	868,92	,00	180,52	180,52	20,8	688,40
12,0	875,55	,00	181,90	181,90	20,8	693,66	947,91	,00	196,93	196,93	20,8	750,98
13,0	948,52	,00	197,05	197,05	20,8	751,46	1026,90	2,30	213,34	215,64	21,0	811,26
14,0	1021,48	1,70	212,21	213,91	20,9	807,57	1105,89	12,10	229,75	241,85	21,9	864,04
15,0	1094,44	10,60	227,37	237,97	21,7	856,47	1184,88	22,90	246,16	269,06	22,7	915,82
16,0	1167,40	20,40	242,53	262,93	22,5	904,48	1263,88	34,70	262,57	297,27	23,5	966,61
17,0	1240,37	31,00	257,69	288,69	23,3	951,68	1342,87	48,00	278,98	326,98	24,3	1015,89
18,0	1313,33	42,60	272,84	315,44	24,0	997,88	1421,86	64,00	295,39	359,39	25,3	1062,47
19,0	1386,29	56,60	288,00	344,60	24,9	1041,69	1500,85	81,40	311,80	393,20	26,2	1107,65
20,0	1459,25	72,00	303,16	375,16	25,7	1084,09	1579,85	103,00	328,21	431,21	27,3	1148,63
21,0	1532,22	89,90	318,32	408,22	26,6	1124,00	1658,84	123,70	344,62	468,32	28,2	1190,51
22,0	1605,18	110,00	333,48	443,48	27,6	1161,70	1737,83	141,20	361,03	502,23	28,9	1235,60
23,0	1678,14	128,00	348,63	476,63	28,4	1201,51	1816,82	158,90	377,44	536,34	29,5	1280,48
24,0	1751,10	144,10	363,79	507,89	29,0	1243,21	1895,81	176,90	393,86	570,76	30,1	1325,06
25,0	1824,07	160,60	378,95	539,55	29,6	1284,52	1974,81	195,20	410,27	605,47	30,7	1369,34
26,0	1897,03	177,20	394,11	571,31	30,1	1325,72	2053,80	213,70	426,68	640,38	31,2	1413,42
27,0	1969,99	194,10	409,27	603,37	30,6	1366,63	2132,79	232,50	443,09	675,59	31,7	1457,20
28,0	2042,96	211,20	424,42	635,62	31,1	1407,33	2211,78	251,50	459,50	711,00	32,1	1500,79
29,0	2115,92	228,50	439,58	668,08	31,6	1447,84	2290,78	270,70	475,91	746,61	32,6	1544,17
30,0	2188,88	246,00	454,74	700,74	32,0	1488,14	2369,77	290,30	492,32	782,62	33,0	1587,15
31,0	2261,84	263,60	469,90	733,50	32,4	1528,35	2448,76	310,00	508,73	818,73	33,4	1630,03
32,0	2334,81	281,60	485,06	766,66	32,8	1568,15	2527,75	330,00	525,14	855,14	33,8	1672,61
33,0	2407,77	299,70	500,21	799,91	33,2	1607,85	2606,75	350,30	541,55	891,85	34,2	1714,89
34,0	2480,73	318,00	515,37	833,37	33,6	1647,36	2685,74	370,80	557,96	928,76	34,6	1756,98
35,0	2553,69	336,60	530,53	867,13	34,0	1686,56	2764,73	391,50	574,37	965,87	34,9	1798,86
36,0	2626,66	355,40	545,69	901,09	34,3	1725,57	2843,72	412,50	590,78	1003,28	35,3	1840,44
37,0	2699,62	374,40	560,85	935,25	34,6	1764,37	2922,71	433,80	607,19	1040,99	35,6	1881,72
38,0	2772,58	393,60	576,00	969,60	35,0	1802,98	3001,71	455,30	623,60	1078,90	35,9	1922,80
39,0	2845,55	413,00	591,16	1004,16	35,3	1841,38	3080,70	477,00	640,02	1117,02	36,3	1963,68
40,0	2918,51	432,60	606,32	1038,92	35,6	1879,59	3159,69	499,00	656,43	1155,43	36,6	2004,27
41,0	2991,47	452,50	621,48	1073,98	35,9	1917,49	3238,68	521,30	672,84	1194,14	36,9	2044,55
42,0	3064,43	472,50	636,64	1109,14	36,2	1955,30	3317,68	543,80	689,25	1233,05	37,2	2084,63
43,0	3137,40	492,80	651,79	1144,59	36,5	1992,80	3396,67	566,50	705,66	1272,16	37,5	2124,51
44,0	3210,36	513,30	666,95	1180,25	36,8	2030,11	3475,66	589,50	722,07	1311,57	37,7	2164,09
45,0	3283,32	534,00	682,11	1216,11	37,0	2067,21	3554,65	612,80	738,48	1351,28	38,0	2203,37
46,0	3356,28	554,90	697,27	1252,17	37,3	2104,12	3633,65	636,30	754,89	1391,19	38,3	2242,46
47,0	3429,25	576,00	712,43	1288,43	37,6	2140,82	3712,64	660,00	771,30	1431,30	38,6	2281,34
48,0	3502,21	597,30	727,58	1324,88	37,8	2177,33	3791,63	684,00	787,71	1471,71	38,8	2319,92
49,0	3575,17	618,90	742,74	1361,64	38,1	2213,53	3870,62	708,30	804,12	1512,42	39,1	2358,20
50,0	3648,13	640,60	757,90	1398,50	38,3	2249,63	3949,61	732,80	820,53	1553,33	39,3	2396,28
51,0	3721,10	662,60	773,06	1435,66	38,6	2285,44	4028,61	757,50	836,94	1594,44	39,6	2434,16
52,0	3794,06	684,80	788,22	1473,02	38,8	2321,04	4107,60	782,40	853,35	1635,75	39,8	2471,84
53,0	3867,02	707,10	803,37	1510,47	39,1	2356,55	4186,59	807,80	869,76	1677,56	40,1	2509,03
54,0	3939,99	729,80	818,53	1548,33	39,3	2391,65	4265,58	833,20	886,17	1719,38	40,3	2546,21
55,0	4012,95	752,50	833,69	1586,19	39,5	2426,76	4344,58	859,00	902,59	1761,59	40,5	2582,99
56,0	4085,91	775,60	848,85	1624,45	39,8	2461,46	4423,57	887,80	546,30	1434,10	32,4	2989,47
57,0	4158,87	798,90	864,01	1662,91	40,0	2495,97	4502,56	917,00	554,87	1471,87	32,7	3030,69
58,0	4231,84	822,30	879,16	1701,46	40,2	2530,37	4581,55	946,60	563,44	1510,04	33,0	3071,51
59,0	4304,80	846,00	894,32	1740,32	40,4	2564,48	4660,54	976,60	572,01	1548,61	33,2	3111,94
60,0	4377,76	870,90	541,33	1412,23	32,3	2965,53	4739,54	1006,80	580,58	1587,38	33,5	3152,16
61,0	4450,72	897,80	549,24	1447,04	32,5	3003,68	4818,53	1037,40	589,15	1626,55	33,8	3191,98
62,0	4523,69	925,00	557,16	1482,16	32,8	3041,53	4897,52	1068,20	597,72	1665,92	34,0	3231,60
63,0	4596,65	952,40	565,08	1517,48	33,0	3079,17	4976,51	1099,40	606,29	1705,69	34,3	3270,82
64,0	4669,61	980,00	572,99	1552,99	33,3	3116,62	5055,51	1130,80	614,86	1745,66	34,5	3309,84
65,0	4742,58	1008,00	580,91	1588,91	33,5	3153,67	5134,50	1162,60	623,43	1786,03	34,8	3348,47
66,0	4815,54	1036,20	588,83	1625,03	33,7	3190,51	5213,49	1194,60	632,00	1826,60	35,0	3386,89
67,0	4888,50	1064,70	596,74	1661,44	34,0	3227,06	5292,48	1227,00	640,57	1867,57	35,3	3424,91
68,0	4961,46	1093,40	604,66	1698,06	34,2	3263,40	5371,48	1259,80	649,15	1908,95	35,5	3462,53
69,0	5034,43	1122,40	612,58	1734,98	34,5	3299,45	5450,47	1292,50	657,72	1950,22	35,8	3500,25
70,0	5107,39	1151,60	620,49	1772,09	34,7	3335,30	5529,46	1325,30	666,29	1991,59	36,0	3537,87

noch Tabelle 1.1

	Std.-Entgelt: (BAT Vb/a) TVöD E.-Gr.9 18,11 €						Std.-Entgelt: (BAT IVb) TVöD E.-Gr.10 20,95 €					
			Sozial-	Summe Abzüge					Sozial-	Summe Abzüge		
Std.	Brutto	Steuern	vers.	€	%	Netto	Brutto	Steuern	vers.	€	%	Netto
1,0	83,99	,00	,00	,00	,0	83,99	97,16	,00	,00	,00	,0	97,16
2,0	167,98	,00	,00	,00	,0	167,98	194,33	,00	,00	,00	,0	194,33
3,0	251,98	,00	,00	,00	,0	251,98	291,49	,00	,00	,00	,0	291,49
4,0	335,97	,00	,00	,00	,0	335,97	388,65	,00	,00	,00	,0	388,65
5,0	419,96	,00	,00	,00	,0	419,96	485,82	,00	100,93	100,93	20,8	384,89
6,0	503,95	,00	104,70	104,70	20,8	399,25	582,98	,00	121,11	121,11	20,8	461,87
7,0	587,94	,00	122,15	122,15	20,8	465,80	680,14	,00	141,30	141,30	20,8	538,84
8,0	671,93	,00	139,59	139,59	20,8	532,34	777,31	,00	161,49	161,49	20,8	615,82
9,0	755,93	,00	157,04	157,04	20,8	598,88	874,47	,00	181,67	181,67	20,8	692,80
10,0	839,92	,00	174,49	174,49	20,8	665,42	971,63	,00	201,86	201,86	20,8	769,78
11,0	923,91	,00	191,94	191,94	20,8	731,97	1068,80	7,40	222,04	229,44	21,5	839,35
12,0	1007,90	,10	209,39	209,49	20,8	798,41	1165,96	20,20	242,23	262,43	22,5	903,53
13,0	1091,89	10,30	226,84	237,14	21,7	854,75	1263,12	34,50	262,41	296,91	23,5	966,21
14,0	1175,88	21,60	244,29	265,89	22,6	909,99	1360,29	51,50	282,60	334,10	24,6	1026,19
15,0	1259,88	34,10	261,74	295,84	23,5	964,04	1457,45	71,60	302,79	374,39	25,7	1083,06
16,0	1343,87	48,30	279,19	327,49	24,4	1016,38	1554,61	96,00	322,97	418,97	27,0	1135,64
17,0	1427,86	65,30	296,64	361,94	25,3	1065,92	1651,78	122,10	343,16	465,26	28,2	1186,52
18,0	1511,85	84,40	314,09	398,49	26,4	1113,36	1748,94	143,70	363,34	507,04	29,0	1241,90
19,0	1595,84	107,40	331,54	438,94	27,5	1156,91	1846,10	165,60	383,53	549,13	29,7	1296,98
20,0	1679,84	128,30	348,99	477,29	28,4	1202,55	1943,27	187,90	403,71	591,61	30,4	1351,65
21,0	1763,83	147,00	366,44	513,44	29,1	1250,39	2040,43	210,50	423,90	634,40	31,1	1406,03
22,0	1847,82	165,90	383,88	549,78	29,8	1298,03	2137,59	233,60	444,08	677,68	31,7	1459,91
23,0	1931,81	185,20	401,33	586,53	30,4	1345,28	2234,76	257,00	464,27	721,27	32,3	1513,49
24,0	2015,80	204,80	418,78	623,58	30,9	1392,22	2331,92	280,90	484,46	765,36	32,8	1566,56
25,0	2099,79	224,60	436,23	660,83	31,5	1438,96	2429,08	305,00	504,64	809,64	33,3	1619,44
26,0	2183,79	244,70	453,68	698,38	32,0	1485,40	2526,25	329,60	524,83	854,43	33,8	1671,82
27,0	2267,78	265,10	471,13	736,23	32,5	1531,55	2623,41	354,50	545,01	899,51	34,3	1723,90
28,0	2351,77	285,80	488,58	774,38	32,9	1577,39	2720,57	379,90	565,20	945,10	34,7	1775,47
29,0	2435,76	306,70	506,03	812,73	33,4	1623,03	2817,74	405,60	585,38	990,98	35,2	1826,75
30,0	2519,75	327,90	523,48	851,38	33,8	1668,37	2914,90	431,70	605,57	1037,27	35,6	1877,63
31,0	2603,74	349,50	540,93	890,43	34,2	1713,32	3012,06	458,10	625,76	1083,86	36,0	1928,21
32,0	2687,74	371,30	558,38	929,68	34,6	1758,06	3109,23	485,00	645,94	1130,94	36,4	1978,28
33,0	2771,73	393,40	575,83	969,23	35,0	1802,50	3206,39	512,10	666,13	1178,23	36,7	2028,16
34,0	2855,72	415,70	593,28	1008,98	35,3	1846,74	3303,55	539,70	686,31	1226,01	37,1	2077,54
35,0	2939,71	438,40	610,73	1049,13	35,7	1890,59	3400,72	567,70	706,50	1274,20	37,5	2126,52
36,0	3023,70	461,30	628,17	1089,47	36,0	1934,23	3497,88	596,00	726,68	1322,68	37,8	2175,19
37,0	3107,70	484,50	645,62	1130,12	36,4	1977,57	3595,04	624,80	746,87	1371,67	38,2	2223,37
38,0	3191,69	508,00	663,07	1171,07	36,7	2020,61	3692,21	653,90	767,06	1420,96	38,5	2271,25
39,0	3275,68	531,80	680,52	1212,32	37,0	2063,36	3789,37	683,30	787,24	1470,54	38,8	2318,83
40,0	3359,67	555,90	697,97	1253,87	37,3	2105,80	3886,53	713,20	807,43	1520,63	39,1	2365,91
41,0	3443,66	580,20	715,42	1295,62	37,6	2148,04	3983,70	743,40	827,61	1571,01	39,4	2412,68
42,0	3527,65	604,80	732,87	1337,67	37,9	2189,98	4080,86	774,00	847,80	1621,80	39,7	2459,06
43,0	3611,65	629,70	750,32	1380,02	38,2	2231,63	4178,02	804,90	867,98	1672,88	40,0	2505,14
44,0	3695,64	654,90	767,77	1422,67	38,5	2272,97	4275,19	836,40	888,17	1724,57	40,3	2550,62
45,0	3779,63	680,40	785,22	1465,62	38,8	2314,01	4372,35	869,00	540,74	1409,74	32,2	2962,61
46,0	3863,62	706,10	802,67	1508,77	39,1	2354,85	4469,51	904,80	551,28	1456,08	32,6	3013,43
47,0	3947,61	732,10	820,12	1552,22	39,3	2395,40	4566,68	941,00	561,82	1502,82	32,9	3063,85
48,0	4031,61	758,40	837,57	1595,97	39,6	2435,64	4663,84	977,90	572,37	1550,27	33,2	3113,57
49,0	4115,60	785,00	855,02	1640,02	39,8	2475,58	4761,00	1015,10	582,91	1598,01	33,6	3162,99
50,0	4199,59	811,90	872,46	1684,36	40,1	2515,22	4858,17	1052,80	593,45	1646,25	33,9	3211,92
51,0	4283,58	839,10	889,91	1729,01	40,4	2554,57	4955,33	1091,00	603,99	1694,99	34,2	3260,34
52,0	4367,57	867,20	540,22	1407,42	32,2	2960,15	5052,49	1129,60	614,54	1744,14	34,5	3308,36
53,0	4451,56	898,10	549,33	1447,43	32,5	3004,13	5149,66	1168,70	625,08	1793,78	34,8	3355,88
54,0	4535,56	929,40	558,45	1487,85	32,8	3047,71	5246,82	1208,30	635,62	1843,92	35,1	3402,90
55,0	4619,55	961,00	567,56	1528,56	33,1	3090,99	5343,98	1248,40	646,16	1894,56	35,5	3449,42
56,0	4703,54	993,00	576,67	1569,67	33,4	3133,87	5441,15	1288,70	656,70	1945,40	35,8	3495,74
57,0	4787,53	1025,30	585,79	1611,09	33,7	3176,44	5538,31	1328,90	667,25	1996,15	36,0	3542,16
58,0	4871,52	1058,00	594,90	1652,90	33,9	3218,62	5635,47	1369,30	677,79	2047,09	36,3	3588,38
59,0	4955,51	1091,00	604,01	1695,01	34,2	3260,50	5732,64	1409,60	688,33	2097,93	36,6	3634,70
60,0	5039,51	1124,40	613,13	1737,53	34,5	3301,98	5829,80	1449,90	698,87	2148,77	36,9	3681,03
61,0	5123,50	1158,10	622,24	1780,34	34,7	3343,16	5926,96	1490,30	709,42	2199,72	37,1	3727,25
62,0	5207,49	1192,20	631,35	1823,55	35,0	3383,94	6024,13	1530,50	719,96	2250,46	37,4	3773,67
63,0	5291,48	1226,60	640,47	1867,07	35,3	3424,42	6121,29	1570,90	730,50	2301,40	37,6	3819,89
64,0	5375,47	1261,40	649,58	1910,98	35,5	3464,49	6218,45	1611,20	741,04	2352,24	37,8	3866,21
65,0	5459,47	1296,30	658,69	1954,99	35,8	3504,47	6315,62	1651,50	751,58	2403,08	38,0	3912,53
66,0	5543,46	1331,10	667,81	1998,91	36,1	3544,55	6412,78	1693,60	755,32	2448,92	38,2	3963,86
67,0	5627,45	1365,90	676,92	2042,82	36,3	3584,63	6509,94	1736,60	755,32	2491,92	38,3	4018,03
68,0	5711,44	1400,80	686,03	2086,83	36,5	3624,61	6607,11	1779,70	755,32	2535,02	38,4	4072,09
69,0	5795,43	1435,70	695,14	2130,84	36,8	3664,59	6704,27	1822,80	755,32	2578,12	38,5	4126,15
70,0	5879,42	1470,50	704,26	2174,76	37,0	3704,67	6801,43	1865,80	755,32	2621,12	38,5	4180,32

noch Tabelle 1.1

Std.-Entgelt: (BAT IVa) TVöD E.-Gr.11 21,68 €

Std.	Brutto	Steuern	Sozial-vers.	Summe Abzüge €	Summe Abzüge %	Netto
1,0	100,55	,00	,00	,00	,0	100,55
2,0	201,10	,00	,00	,00	,0	201,10
3,0	301,65	,00	,00	,00	,0	301,65
4,0	402,20	,00	,00	,00	,0	402,20
5,0	502,74	,00	104,45	104,45	20,8	398,30
6,0	603,29	,00	125,33	125,33	20,8	477,96
7,0	703,84	,00	146,22	146,22	20,8	557,62
8,0	804,39	,00	167,11	167,11	20,8	637,28
9,0	904,94	,00	188,00	188,00	20,8	716,94
10,0	1005,49	,00	208,89	208,89	20,8	796,60
11,0	1106,04	12,10	229,78	241,88	21,9	864,16
12,0	1206,59	26,00	250,67	276,67	22,9	929,92
13,0	1307,14	41,60	271,56	313,16	24,0	993,98
14,0	1407,69	61,00	292,45	353,45	25,1	1054,24
15,0	1508,23	83,40	313,34	396,74	26,3	1111,50
16,0	1608,78	110,90	334,22	445,12	27,7	1163,66
17,0	1709,33	134,90	355,11	490,01	28,7	1219,32
18,0	1809,88	157,40	376,00	533,40	29,5	1276,48
19,0	1910,43	180,30	396,89	577,19	30,2	1333,24
20,0	2010,98	203,60	417,78	621,38	30,9	1389,60
21,0	2111,53	227,40	438,67	666,07	31,5	1445,46
22,0	2212,08	251,50	459,56	711,06	32,1	1501,02
23,0	2312,63	276,10	480,45	756,55	32,7	1556,08
24,0	2413,18	301,00	501,34	802,34	33,2	1610,84
25,0	2513,72	326,40	522,23	848,63	33,8	1665,10
26,0	2614,27	352,20	543,12	895,32	34,2	1718,96
27,0	2714,82	378,40	564,00	942,40	34,7	1772,42
28,0	2815,37	404,90	584,89	989,79	35,2	1825,58
29,0	2915,92	432,00	605,78	1037,78	35,6	1878,14
30,0	3016,47	459,40	626,67	1086,07	36,0	1930,40
31,0	3117,02	487,10	647,56	1134,66	36,4	1982,36
32,0	3217,57	515,30	668,45	1183,75	36,8	2033,82
33,0	3318,12	543,90	689,34	1233,24	37,2	2084,88
34,0	3418,66	573,00	710,23	1283,23	37,5	2135,44
35,0	3519,21	602,30	731,12	1333,42	37,9	2185,80
36,0	3619,76	632,10	752,01	1384,11	38,2	2235,66
37,0	3720,31	662,40	772,89	1435,29	38,6	2285,02
38,0	3820,86	692,90	793,78	1486,68	38,9	2334,18
39,0	3921,41	723,90	814,67	1538,57	39,2	2382,84
40,0	4021,96	755,40	835,56	1590,96	39,6	2431,00
41,0	4122,51	787,30	856,45	1643,75	39,9	2478,76
42,0	4223,06	819,50	877,34	1696,84	40,2	2526,22
43,0	4323,60	852,10	898,23	1750,33	40,5	2573,28
44,0	4424,15	888,00	546,36	1434,36	32,4	2989,79
45,0	4524,70	925,40	557,27	1482,67	32,8	3042,03
46,0	4625,25	963,20	568,18	1531,38	33,1	3093,87
47,0	4725,80	1001,50	579,09	1580,59	33,4	3145,21
48,0	4826,35	1040,40	590,00	1630,40	33,8	3195,95
49,0	4926,90	1079,70	600,91	1680,61	34,1	3246,29
50,0	5027,45	1119,60	611,82	1731,42	34,4	3296,03
51,0	5128,00	1160,00	622,73	1782,73	34,8	3345,27
52,0	5228,55	1200,90	633,64	1834,54	35,1	3394,01
53,0	5329,09	1242,20	644,55	1886,75	35,4	3442,35
54,0	5429,64	1283,90	655,46	1939,36	35,7	3490,29
55,0	5530,19	1325,60	666,37	1991,97	36,0	3538,23
56,0	5630,74	1367,40	677,28	2044,68	36,3	3586,07
57,0	5731,29	1409,00	688,19	2097,19	36,6	3634,11
58,0	5831,84	1450,80	699,09	2149,89	36,9	3681,94
59,0	5932,39	1492,50	710,00	2202,50	37,1	3729,88
60,0	6032,94	1534,20	720,91	2255,11	37,4	3777,82
61,0	6133,49	1575,90	731,82	2307,72	37,6	3825,76
62,0	6234,04	1617,60	742,73	2360,33	37,9	3873,70
63,0	6334,58	1659,40	753,64	2413,04	38,1	3921,54
64,0	6435,13	1703,50	755,32	2458,81	38,2	3976,32
65,0	6535,68	1748,00	755,32	2503,31	38,3	4032,37
66,0	6636,23	1792,60	755,32	2547,92	38,4	4088,32
67,0	6736,78	1837,20	755,32	2592,52	38,5	4144,27
68,0	6837,33	1881,70	755,32	2637,02	38,6	4200,31
69,0	6937,88	1926,30	755,32	2681,62	38,7	4256,26
70,0	7038,43	1970,90	755,32	2726,22	38,7	4312,21

Tabelle 1.2

Monatsentgelte in €*) bei Wochenarbeitszeiten von 1–70 Stunden in den Entgeltgruppen 1 bis 11 des TVöD/Bund/West

Ledige (Grundtabelle)　　　　　　　　　Einkommensteuertarif ab 2017 (unter Einschluss des Solidaritätszuschlages [5,5 %])

Entgelte ab 1.2.2017 bis 28.2.2018　　　Sozialversicherung einschließlich Pflegeversicherung ab 1.1.2017

*) Monatsentgelt:
　Arbeitszeit in Std./Woche x 4,348 x Stundenentgelt einschließlich anteilige Jahressonderzahlung.

　Brutto:
　Ohne Arbeitgeberanteil zur Sozialversicherung.

　Steuer:
　Berechnung nach dem Einkommensteuertarif 2017 unter Berücksichtigung der Vorsorgepauschale ab 2010, in: BGBl., T. I, Nr. 57 v. 22.11.2010, S. 1544 ff. Vgl. Gesetz zur verbesserten steuerlichen Berücksichtigung von Vorsorgeaufwendungen (Bürgerentlastungsgesetz Krankenversicherung), in: BGBl., T. I, Nr. 43 v. 22.7.2009, S. 1959 ff. – Steuervereinfachungsgesetz 2011, in: BGBl., T. I, Nr. 55 v. 4.11.2011, S. 2131 ff. Vgl. Gesetz zum Abbau der kalten Progression, in: BGBl., T. I, Nr. 9 v. 25.2.2013, S. 283 ff. – Steueränderungsgesetz (StÄndG) 2015, in: BGBl., T. I, Nr. 43 v. 5.11.2015, S. 1834 ff. Gesetz zur Umsetzung der Änderungen der EU-Amtshilferichtlinie und von weiteren Maßnahmen gegen Gewinnkürzungen und -verlagerungen, in: BGBl., T. I, Nr. 63 v. 23.12.2016, S. 3000 ff.

　Sozialversicherung:
　Ab 1.1.2015 ist der allgemeine Beitragssatz für die Gesetzliche Krankenversicherung mit 14,6 % festgeschrieben, Arbeitnehmer und Arbeitgeber je 7,3 %. Vgl. Gesetz zur Weiterentwicklung der Finanzstruktur und der Qualität in der Gesetzlichen Krankenversicherung (GKV-FQWG), in: BGBl., T. I, Nr. 33 vom 24.7.2014, S. 1133 ff.
　Benötigen die Kassen mehr Geld, können sie Zusatzbeiträge erheben, mit denen nur die Arbeitnehmer belastet werden. Da die Zusatzbeiträge bei den einzelnen Krankenkassen unterschiedlich hoch sein können, wird bei den nachfolgenden Tabellen ein durchschnittlicher Zusatzbeitragssatz von 1,1 % einbezogen. Vgl. Bundesministerium für Gesundheit, Bekanntmachung des durchschnittlichen Zusatzbeitragssatzes für das Jahr 2017, veröffentlicht im Bundesanzeiger vom 27.10.2016 (Banz AT 27.10.2016 B5).
　Bei einem Arbeitsentgelt bis 450,00 €/Monat besteht für den Arbeitnehmer Versicherungsfreiheit. Mehrere geringfügige Beschäftigungen sind zusammenzurechnen. Vgl. Gesetz zur Neuregelung der geringfügigen Beschäftigungsverhältnisse, in: BGBl., T. I., Nr. 14 v. 29.3.1999, S. 388 ff.
　Bei Entgelten über 4350,00 € wurde der Krankenversicherungsbeitrag – wegen Überschreitung der Versicherungspflichtgrenze – nicht in Abzug gebracht. Für die Pflegeversicherung wurde der Höchstsatz eingerechnet. Die Beitragsbemessungsgrenze in der Renten- und Arbeitslosenversicherung beträgt in den alten Bundesländern 6350,00 €/Monat.
　(Zu den Beitragssätzen vgl. Tabelle 3a, Fußnote 3)
　Altersrentner sind frei in der Rentenversicherung. Es fällt lediglich der Arbeitgeberanteil an. Nach Vollendung des 65. Lebensjahres entfällt die Arbeitslosenversicherung. Ebenso sind Erwerbsunfähigkeitsrentner frei in der Arbeitslosenversicherung. Beiträge zur Pflegeversicherung tragen Rentner in voller Höhe.

noch Tabelle 1.2

	Std.-Entgelt: (BAT X) TVöD E.-Gr.1 10,50 €						Std.-Entgelt: (BAT IXb/a) TVöD E.-Gr.2 13,06 €					
			Sozial-	Summe Abzüge					Sozial-	Summe Abzüge		
Std.	Brutto	Steuern	vers.	€	%	Netto	Brutto	Steuern	vers.	€	%	Netto
1,0	49,08	,00	,00	,00	,0	49,08	61,04	,00	,00	,00	,0	61,04
2,0	98,16	,00	,00	,00	,0	98,16	122,09	,00	,00	,00	,0	122,09
3,0	147,23	,00	,00	,00	,0	147,23	183,13	,00	,00	,00	,0	183,13
4,0	196,31	,00	,00	,00	,0	196,31	244,17	,00	,00	,00	,0	244,17
5,0	245,39	,00	,00	,00	,0	245,39	305,22	,00	,00	,00	,0	305,22
6,0	294,47	,00	,00	,00	,0	294,47	366,26	,00	,00	,00	,0	366,26
7,0	343,55	,00	,00	,00	,0	343,55	427,31	,00	,00	,00	,0	427,31
8,0	392,62	,00	,00	,00	,0	392,62	488,35	,00	101,45	101,45	20,8	386,90
9,0	441,70	,00	,00	,00	,0	441,70	549,39	,00	114,14	114,14	20,8	435,26
10,0	490,78	,00	101,96	101,96	20,8	388,82	610,44	,00	126,82	126,82	20,8	483,62
11,0	539,86	,00	112,16	112,16	20,8	427,70	671,48	,00	139,50	139,50	20,8	531,98
12,0	588,94	,00	122,35	122,35	20,8	466,59	732,52	,00	152,18	152,18	20,8	580,34
13,0	638,01	,00	132,55	132,55	20,8	505,47	793,57	,00	164,86	164,86	20,8	628,70
14,0	687,09	,00	142,74	142,74	20,8	544,35	854,61	,00	177,55	177,55	20,8	677,07
15,0	736,17	,00	152,94	152,94	20,8	583,23	915,66	,00	190,23	190,23	20,8	725,43
16,0	785,25	,00	163,14	163,14	20,8	622,11	976,70	,00	202,91	202,91	20,8	773,79
17,0	834,33	,00	173,33	173,33	20,8	661,00	1037,74	3,60	215,59	219,19	21,1	818,55
18,0	883,40	,00	183,53	183,53	20,8	699,88	1098,79	11,20	228,27	239,47	21,8	859,31
19,0	932,48	,00	193,72	193,72	20,8	738,76	1159,83	19,40	240,95	260,35	22,4	899,48
20,0	981,56	,00	203,92	203,92	20,8	777,64	1220,87	28,10	253,64	281,74	23,1	939,14
21,0	1030,64	2,80	214,12	216,92	21,0	813,72	1281,92	37,50	266,32	303,82	23,7	978,10
22,0	1079,72	8,80	224,31	233,11	21,6	846,61	1342,96	48,00	279,00	327,00	24,3	1015,96
23,0	1128,80	15,10	234,51	249,61	22,1	879,19	1404,01	60,30	291,68	351,98	25,1	1052,02
24,0	1177,87	21,90	244,70	266,60	22,6	911,27	1465,05	73,30	304,36	377,66	25,8	1087,39
25,0	1226,95	29,00	254,90	283,90	23,1	943,05	1526,09	88,20	317,05	405,25	26,6	1120,85
26,0	1276,03	36,60	265,10	301,70	23,6	974,33	1587,14	104,90	329,73	434,63	27,4	1152,51
27,0	1325,11	44,70	275,29	319,99	24,1	1005,12	1648,18	121,40	342,41	463,81	28,1	1184,37
28,0	1374,19	54,20	285,49	339,69	24,7	1034,50	1709,22	134,80	355,09	489,89	28,7	1219,33
29,0	1423,26	64,30	295,68	359,98	25,3	1063,28	1770,27	148,50	367,77	516,27	29,2	1254,00
30,0	1472,34	74,90	305,88	380,78	25,9	1091,56	1831,31	162,20	380,46	542,66	29,6	1288,66
31,0	1521,42	87,00	316,07	403,07	26,5	1118,34	1892,36	176,10	393,14	569,24	30,1	1323,12
32,0	1570,50	100,40	326,27	426,67	27,2	1143,83	1953,40	190,30	405,82	596,12	30,5	1357,28
33,0	1619,58	114,00	336,47	450,47	27,8	1169,11	2014,44	204,40	418,50	622,90	30,9	1391,54
34,0	1668,65	125,90	346,66	472,56	28,3	1196,09	2075,49	218,90	431,18	650,08	31,3	1425,40
35,0	1717,73	136,70	356,86	493,56	28,7	1224,17	2136,53	233,40	443,86	677,26	31,7	1459,27
36,0	1766,81	147,70	367,05	514,75	29,1	1252,05	2197,57	248,00	456,55	704,55	32,1	1493,03
37,0	1815,89	158,70	377,25	535,95	29,5	1279,94	2258,62	262,90	469,23	732,13	32,4	1526,49
38,0	1864,97	169,90	387,45	557,35	29,9	1307,62	2319,66	277,90	481,91	759,81	32,8	1559,85
39,0	1914,04	181,10	397,64	578,74	30,2	1335,30	2380,71	293,00	494,59	787,59	33,1	1593,11
40,0	1963,12	192,50	407,84	600,34	30,6	1362,78	2441,75	308,20	507,27	815,47	33,4	1626,28
41,0	2012,20	203,90	418,03	621,93	30,9	1390,27	2502,79	323,70	519,96	843,66	33,7	1659,14
42,0	2061,28	215,50	428,23	643,73	31,2	1417,55	2563,84	339,20	532,64	871,84	34,0	1692,00
43,0	2110,36	227,10	438,43	665,53	31,5	1444,83	2624,88	354,90	545,32	900,22	34,3	1724,66
44,0	2159,43	238,90	448,62	687,52	31,8	1471,91	2685,92	370,80	558,00	928,80	34,6	1757,12
45,0	2208,51	250,70	458,82	709,52	32,1	1498,99	2746,97	386,90	570,68	957,58	34,9	1789,39
46,0	2257,59	262,60	469,01	731,61	32,4	1525,98	2808,01	402,90	583,36	986,26	35,1	1821,75
47,0	2306,67	274,60	479,21	753,81	32,7	1552,86	2869,06	419,30	596,05	1015,35	35,4	1853,71
48,0	2355,75	286,80	489,41	776,21	32,9	1579,54	2930,10	435,80	608,73	1044,53	35,6	1885,57
49,0	2404,82	299,00	499,60	798,60	33,2	1606,22	2991,14	452,40	621,41	1073,81	35,9	1917,33
50,0	2453,90	311,30	509,80	821,10	33,5	1632,80	3052,19	469,10	634,09	1103,19	36,1	1949,00
51,0	2502,98	323,70	519,99	843,69	33,7	1659,29	3113,23	486,00	646,77	1132,77	36,4	1980,46
52,0	2552,06	336,20	530,19	866,39	33,9	1685,67	3174,27	503,10	659,46	1162,56	36,6	2011,72
53,0	2601,14	348,80	540,39	889,19	34,2	1711,95	3235,32	520,30	672,14	1192,44	36,9	2042,88
54,0	2650,21	361,50	550,58	912,08	34,4	1738,13	3296,36	537,70	684,82	1222,52	37,1	2073,84
55,0	2699,29	374,30	560,78	935,08	34,6	1764,21	3357,41	555,20	697,50	1252,70	37,3	2104,70
56,0	2748,37	387,20	570,97	958,17	34,9	1790,20	3418,45	572,90	710,18	1283,08	37,5	2135,37
57,0	2797,45	400,20	581,17	981,37	35,1	1816,08	3479,49	590,60	722,86	1313,46	37,7	2166,03
58,0	2846,53	413,30	591,37	1004,67	35,3	1841,86	3540,54	608,60	735,55	1344,15	38,0	2196,39
59,0	2895,60	426,50	601,56	1028,06	35,5	1867,54	3601,58	626,70	748,23	1374,93	38,2	2226,65
60,0	2944,68	439,70	611,76	1051,46	35,7	1893,22	3662,62	644,90	760,91	1405,81	38,4	2256,81
61,0	2993,76	453,10	621,95	1075,05	35,9	1918,71	3723,67	663,40	773,59	1436,99	38,6	2286,68
62,0	3042,84	466,60	632,15	1098,75	36,1	1944,09	3784,71	681,90	786,27	1468,17	38,8	2316,54
63,0	3091,92	480,10	642,35	1122,45	36,3	1969,47	3845,76	700,60	798,96	1499,56	39,0	2346,20
64,0	3141,00	493,80	652,54	1146,34	36,5	1994,65	3906,80	719,40	811,64	1531,04	39,2	2375,76
65,0	3190,07	507,50	662,74	1170,24	36,7	2019,84	3967,84	738,40	824,32	1562,72	39,4	2405,12
66,0	3239,15	521,50	672,93	1194,43	36,9	2044,72	4028,89	757,60	837,00	1594,60	39,6	2434,29
67,0	3288,23	535,40	683,13	1218,53	37,1	2069,70	4089,93	776,90	849,68	1626,58	39,8	2463,35
68,0	3337,31	549,40	693,33	1242,73	37,2	2094,58	4150,97	796,40	862,36	1658,76	40,0	2492,21
69,0	3386,39	563,50	703,52	1267,02	37,4	2119,36	4212,02	815,90	875,05	1690,95	40,1	2521,07
70,0	3435,46	577,80	713,72	1291,52	37,6	2143,95	4273,06	835,70	887,73	1723,43	40,3	2549,63

noch Tabelle 1.2

	Std.-Entgelt: (BAT VIII) TVöD E.-Gr.3 14,08 €						Std.-Entgelt: (BAT VII) TVöD E.-Gr.5 15,32 €					
Std.	Brutto	Steuern	Sozial-vers.	Summe Abzüge €	Summe Abzüge %	Netto	Brutto	Steuern	Sozial-vers.	Summe Abzüge €	Summe Abzüge %	Netto
1,0	65,81	,00	,00	,00	,0	65,81	71,61	,00	,00	,00	,0	71,61
2,0	131,62	,00	,00	,00	,0	131,62	143,21	,00	,00	,00	,0	143,21
3,0	197,43	,00	,00	,00	,0	197,43	214,82	,00	,00	,00	,0	214,82
4,0	263,25	,00	,00	,00	,0	263,25	286,43	,00	,00	,00	,0	286,43
5,0	329,06	,00	,00	,00	,0	329,06	358,04	,00	,00	,00	,0	358,04
6,0	394,87	,00	,00	,00	,0	394,87	429,64	,00	,00	,00	,0	429,64
7,0	460,68	,00	95,71	95,71	20,8	364,97	501,25	,00	104,13	104,13	20,8	397,12
8,0	526,49	,00	109,38	109,38	20,8	417,11	572,86	,00	119,01	119,01	20,8	453,85
9,0	592,30	,00	123,05	123,05	20,8	469,25	644,46	,00	133,89	133,89	20,8	510,58
10,0	658,11	,00	136,72	136,72	20,8	521,39	716,07	,00	148,76	148,76	20,8	567,31
11,0	723,92	,00	150,40	150,40	20,8	573,53	787,68	,00	163,64	163,64	20,8	624,04
12,0	789,74	,00	164,07	164,07	20,8	625,67	859,29	,00	178,52	178,52	20,8	680,77
13,0	855,55	,00	177,74	177,74	20,8	677,81	930,89	,00	193,39	193,39	20,8	737,50
14,0	921,36	,00	191,41	191,41	20,8	729,95	1002,50	,00	208,27	208,27	20,8	794,23
15,0	987,17	,00	205,08	205,08	20,8	782,09	1074,11	8,00	223,15	231,15	21,5	842,96
16,0	1052,98	5,40	218,76	224,16	21,3	828,82	1145,72	17,50	238,02	255,52	22,3	890,19
17,0	1118,79	13,80	232,43	246,23	22,0	872,56	1217,32	27,60	252,90	280,50	23,0	936,82
18,0	1184,60	22,90	246,10	269,00	22,7	915,60	1288,93	38,60	267,78	306,38	23,8	982,55
19,0	1250,42	32,60	259,77	292,37	23,4	958,04	1360,54	51,50	282,65	334,15	24,6	1026,39
20,0	1316,23	43,00	273,45	316,45	24,0	999,78	1432,14	66,20	297,53	363,73	25,4	1068,42
21,0	1382,04	55,80	287,12	342,92	24,8	1039,12	1503,75	82,10	312,40	394,50	26,2	1109,25
22,0	1447,85	69,50	300,79	370,29	25,6	1077,56	1575,36	101,80	327,28	429,08	27,2	1146,28
23,0	1513,66	84,90	314,46	399,36	26,4	1114,30	1646,97	121,00	342,16	463,16	28,1	1183,81
24,0	1579,47	102,90	328,14	431,04	27,3	1148,44	1718,57	136,90	357,03	493,93	28,7	1224,64
25,0	1645,28	120,70	341,81	462,51	28,1	1182,78	1790,18	153,00	371,91	524,91	29,3	1265,27
26,0	1711,09	135,20	355,48	490,68	28,7	1220,41	1861,79	169,20	386,79	555,99	29,9	1305,80
27,0	1776,91	150,00	369,15	519,15	29,2	1257,75	1933,39	185,60	401,66	587,26	30,4	1346,13
28,0	1842,72	164,80	382,82	547,62	29,7	1295,09	2005,00	202,30	416,54	618,84	30,9	1386,16
29,0	1908,53	179,90	396,50	576,40	30,2	1332,13	2076,61	219,10	431,42	650,52	31,3	1426,09
30,0	1974,34	195,10	410,17	605,27	30,7	1369,07	2148,22	236,20	446,29	682,49	31,8	1465,72
31,0	2040,15	210,50	423,84	634,34	31,1	1405,81	2219,82	253,50	461,17	714,67	32,2	1505,16
32,0	2105,96	226,10	437,51	663,61	31,5	1442,35	2291,43	270,90	476,04	746,94	32,6	1544,49
33,0	2171,77	241,80	451,19	692,99	31,9	1478,79	2363,04	288,60	490,92	779,52	33,0	1583,52
34,0	2237,58	257,80	464,86	722,66	32,3	1514,93	2434,65	306,50	505,80	812,30	33,4	1622,35
35,0	2303,40	273,90	478,53	752,43	32,7	1550,97	2506,25	324,50	520,67	845,17	33,7	1661,08
36,0	2369,21	290,10	492,20	782,30	33,0	1586,90	2577,86	342,90	535,55	878,45	34,1	1699,41
37,0	2435,02	306,50	505,88	812,38	33,4	1622,64	2649,47	361,40	550,43	911,83	34,4	1737,64
38,0	2500,83	323,10	519,55	842,65	33,7	1658,18	2721,07	380,00	565,30	945,30	34,7	1775,77
39,0	2566,64	339,90	533,22	873,12	34,0	1693,52	2792,68	398,90	580,18	979,08	35,1	1813,60
40,0	2632,45	356,90	546,89	903,79	34,3	1728,66	2864,29	418,00	595,06	1013,06	35,4	1851,23
41,0	2698,26	374,00	560,56	934,56	34,6	1763,70	2935,90	437,40	609,93	1047,33	35,7	1888,56
42,0	2764,08	391,40	574,24	965,64	34,9	1798,44	3007,50	456,90	624,81	1081,71	36,0	1925,79
43,0	2829,89	408,90	587,91	996,81	35,2	1833,08	3079,11	476,60	639,69	1116,29	36,3	1962,82
44,0	2895,70	426,50	601,58	1028,08	35,5	1867,62	3150,72	496,50	654,56	1151,06	36,5	1999,66
45,0	2961,51	444,30	615,25	1059,55	35,8	1901,96	3222,32	516,60	669,44	1186,04	36,8	2036,29
46,0	3027,32	462,30	628,93	1091,23	36,0	1936,09	3293,93	537,00	684,31	1221,31	37,1	2072,62
47,0	3093,13	480,50	642,60	1123,10	36,3	1970,03	3365,54	557,50	699,19	1256,69	37,3	2108,85
48,0	3158,94	498,80	656,27	1155,07	36,6	2003,87	3437,15	578,30	714,07	1292,37	37,6	2144,78
49,0	3224,75	517,40	669,94	1187,34	36,8	2037,41	3508,75	599,20	728,94	1328,14	37,9	2180,61
50,0	3290,57	536,00	683,62	1219,62	37,1	2070,95	3580,36	620,40	743,82	1364,22	38,1	2216,14
51,0	3356,38	554,90	697,29	1252,19	37,3	2104,19	3651,97	641,80	758,70	1400,50	38,3	2251,47
52,0	3422,19	574,00	710,96	1284,96	37,5	2137,23	3723,57	663,40	773,57	1436,97	38,6	2286,60
53,0	3488,00	593,10	724,63	1317,73	37,8	2170,27	3795,18	685,10	788,45	1473,55	38,8	2321,63
54,0	3553,81	612,50	738,30	1350,80	38,0	2203,01	3866,79	707,10	803,33	1510,43	39,1	2356,36
55,0	3619,62	632,10	751,98	1384,08	38,2	2235,55	3938,40	729,30	818,20	1547,50	39,3	2390,89
56,0	3685,43	651,80	765,65	1417,45	38,5	2267,99	4010,00	751,70	833,08	1584,78	39,5	2425,23
57,0	3751,25	671,70	779,32	1451,02	38,7	2300,22	4081,61	774,20	847,95	1622,15	39,7	2459,46
58,0	3817,06	691,80	792,99	1484,79	38,9	2332,26	4153,22	797,00	862,83	1659,83	40,0	2493,39
59,0	3882,87	712,00	806,67	1518,67	39,1	2364,20	4224,83	820,00	877,71	1697,71	40,2	2527,12
60,0	3948,68	732,40	820,34	1552,74	39,3	2395,94	4296,43	843,30	892,58	1735,88	40,4	2560,55
61,0	4014,49	753,00	834,01	1587,01	39,5	2427,48	4368,04	867,40	540,27	1407,67	32,2	2960,37
62,0	4080,30	773,90	847,68	1621,58	39,7	2458,72	4439,65	893,70	548,04	1441,74	32,5	2997,91
63,0	4146,11	794,80	861,36	1656,16	39,9	2489,96	4511,25	920,30	555,81	1476,11	32,7	3035,14
64,0	4211,92	815,90	875,03	1690,93	40,1	2521,00	4582,86	947,10	563,58	1510,68	33,0	3072,18
65,0	4277,74	837,20	888,70	1725,90	40,3	2551,84	4654,47	974,30	571,35	1545,65	33,2	3108,82
66,0	4343,55	858,60	902,37	1760,97	40,5	2582,58	4726,08	1001,60	579,12	1580,72	33,4	3145,36
67,0	4409,36	882,50	544,76	1427,26	32,4	2982,10	4797,68	1029,30	586,89	1616,19	33,7	3181,49
68,0	4475,17	906,90	551,90	1458,80	32,6	3016,37	4869,29	1057,10	594,66	1651,76	33,9	3217,53
69,0	4540,98	931,40	559,04	1490,44	32,8	3050,54	4940,90	1085,30	602,43	1687,73	34,2	3253,17
70,0	4606,79	956,20	566,18	1522,38	33,0	3084,42	5012,50	1113,60	610,20	1723.80	34.4	3288.71

noch Tabelle 1.2

	Std.-Entgelt: (BAT VIa/b) TVöD E.-Gr.6 15,98 €						Std.-Entgelt: (BAT VC) TVöD E.-Gr.8 17,30 €					
			Sozial-	Summe Abzüge					Sozial-	Summe Abzüge		
Std.	Brutto	Steuern	vers.	€	%	Netto	Brutto	Steuern	vers.	€	%	Netto
1,0	74,69	,00	,00	,00	,0	74,69	80,86	,00	,00	,00	,0	80,86
2,0	149,38	,00	,00	,00	,0	149,38	161,72	,00	,00	,00	,0	161,72
3,0	224,08	,00	,00	,00	,0	224,08	242,59	,00	,00	,00	,0	242,59
4,0	298,77	,00	,00	,00	,0	298,77	323,45	,00	,00	,00	,0	323,45
5,0	373,46	,00	,00	,00	,0	373,46	404,31	,00	,00	,00	,0	404,31
6,0	448,15	,00	,00	,00	,0	448,15	485,17	,00	100,79	100,79	20,8	384,38
7,0	522,84	,00	108,62	108,62	20,8	414,22	566,03	,00	117,59	117,59	20,8	448,44
8,0	597,54	,00	124,14	124,14	20,8	473,40	646,90	,00	134,39	134,39	20,8	512,50
9,0	672,23	,00	139,66	139,66	20,8	532,57	727,76	,00	151,19	151,19	20,8	576,57
10,0	746,92	,00	155,17	155,17	20,8	591,75	808,62	,00	167,99	167,99	20,8	640,63
11,0	821,61	,00	170,69	170,69	20,8	650,92	889,48	,00	184,79	184,79	20,8	704,69
12,0	896,31	,00	186,21	186,21	20,8	710,10	970,34	,00	201,59	201,59	20,8	768,75
13,0	971,00	,00	201,72	201,72	20,8	769,27	1051,20	5,20	218,39	223,59	21,3	827,62
14,0	1045,69	4,50	217,24	221,74	21,2	823,95	1132,07	15,50	235,19	250,69	22,1	881,38
15,0	1120,38	14,00	232,76	246,76	22,0	873,62	1212,93	27,00	251,99	278,99	23,0	933,94
16,0	1195,07	24,40	248,28	272,68	22,8	922,40	1293,79	39,40	268,79	308,19	23,8	985,61
17,0	1269,77	35,60	263,79	299,39	23,6	970,37	1374,65	54,40	285,58	339,98	24,7	1034,67
18,0	1344,46	48,40	279,31	327,71	24,4	1016,75	1455,51	71,20	302,38	373,58	25,7	1081,93
19,0	1419,15	63,50	294,83	358,33	25,2	1060,82	1536,38	91,10	319,18	410,28	26,7	1126,09
20,0	1493,84	79,90	310,35	390,25	26,1	1103,60	1617,24	113,30	335,98	449,28	27,8	1167,96
21,0	1568,53	99,90	325,86	425,76	27,1	1142,77	1698,10	132,40	352,78	485,18	28,6	1212,92
22,0	1643,23	120,20	341,38	461,58	28,1	1181,65	1778,96	150,40	369,58	519,98	29,2	1258,98
23,0	1717,92	136,80	356,90	493,70	28,7	1224,22	1859,82	168,70	386,38	555,08	29,8	1304,75
24,0	1792,61	153,50	372,41	525,91	29,3	1266,70	1940,69	187,30	403,18	590,48	30,4	1350,21
25,0	1867,30	170,40	387,93	558,33	29,9	1308,97	2021,55	206,10	419,98	626,08	31,0	1395,47
26,0	1941,99	187,60	403,45	591,05	30,4	1350,95	2102,41	225,20	436,78	661,98	31,5	1440,43
27,0	2016,69	205,00	418,97	623,97	30,9	1392,72	2183,27	244,60	453,57	698,17	32,0	1485,10
28,0	2091,38	222,60	434,48	657,08	31,4	1434,30	2264,13	264,20	470,37	734,57	32,4	1529,56
29,0	2166,07	240,50	450,00	690,50	31,9	1475,57	2345,00	284,10	487,17	771,27	32,9	1573,72
30,0	2240,76	258,50	465,52	724,02	32,3	1516,74	2425,86	304,30	503,97	808,27	33,3	1617,59
31,0	2315,46	276,80	481,04	757,84	32,7	1557,62	2506,72	324,60	520,77	845,37	33,7	1661,35
32,0	2390,15	295,30	496,55	791,85	33,1	1598,29	2587,58	345,40	537,57	882,97	34,1	1704,61
33,0	2464,84	314,00	512,07	826,07	33,5	1638,77	2668,44	366,30	554,37	920,67	34,5	1747,77
34,0	2539,53	333,00	527,59	860,59	33,9	1678,94	2749,31	387,40	571,17	958,57	34,9	1790,74
35,0	2614,22	352,20	543,10	895,30	34,2	1718,92	2830,17	408,90	587,97	996,87	35,2	1833,30
36,0	2688,92	371,60	558,62	930,22	34,6	1758,69	2911,03	430,60	604,77	1035,37	35,6	1875,66
37,0	2763,61	391,20	574,14	965,34	34,9	1798,27	2991,89	452,60	621,57	1074,17	35,9	1917,73
38,0	2838,30	411,00	589,66	1000,66	35,3	1837,64	3072,75	474,80	638,36	1113,16	36,2	1959,59
39,0	2912,99	431,10	605,17	1036,27	35,6	1876,72	3153,61	497,30	655,16	1152,46	36,5	2001,15
40,0	2987,68	451,50	620,69	1072,19	35,9	1915,49	3234,48	520,10	671,96	1192,06	36,9	2042,41
41,0	3062,38	472,00	636,21	1108,21	36,2	1954,17	3315,34	543,10	688,76	1231,86	37,2	2083,48
42,0	3137,07	492,70	651,73	1144,43	36,5	1992,64	3396,20	566,40	705,56	1271,96	37,5	2124,24
43,0	3211,76	513,70	667,24	1180,94	36,8	2030,82	3477,06	590,00	722,36	1312,36	37,7	2164,70
44,0	3286,45	534,90	682,76	1217,66	37,1	2068,79	3557,92	613,80	739,16	1352,96	38,0	2204,97
45,0	3361,15	556,30	698,28	1254,58	37,3	2106,57	3638,79	637,80	755,96	1393,76	38,3	2245,03
46,0	3435,84	577,90	713,80	1291,70	37,6	2144,14	3719,65	662,10	772,76	1434,86	38,6	2284,79
47,0	3510,53	599,80	729,31	1329,11	37,9	2181,42	3800,51	686,70	789,56	1476,26	38,8	2324,25
48,0	3585,22	621,90	744,83	1366,73	38,1	2218,49	3881,37	711,60	806,36	1517,96	39,1	2363,42
49,0	3659,91	644,10	760,35	1404,45	38,4	2255,47	3962,23	736,70	823,15	1559,85	39,4	2402,38
50,0	3734,61	666,70	775,86	1442,56	38,6	2292,04	4043,10	762,00	839,95	1601,95	39,6	2441,14
51,0	3809,30	689,40	791,38	1480,78	38,9	2328,52	4123,96	787,70	856,75	1644,45	39,9	2479,51
52,0	3883,99	712,40	806,90	1519,30	39,1	2364,69	4204,82	813,60	873,55	1687,15	40,1	2517,67
53,0	3958,68	735,60	822,42	1558,02	39,4	2400,67	4285,68	839,80	890,35	1730,15	40,4	2555,53
54,0	4033,37	759,00	837,93	1596,93	39,6	2436,44	4366,54	866,80	540,11	1406,91	32,2	2959,63
55,0	4108,07	782,60	853,45	1636,05	39,8	2472,02	4447,41	896,60	548,88	1445,48	32,5	3001,92
56,0	4182,76	806,50	868,97	1675,47	40,1	2507,29	4528,27	926,70	557,66	1484,36	32,8	3043,91
57,0	4257,45	830,60	884,49	1715,09	40,3	2542,36	4609,13	957,00	566,43	1523,43	33,1	3085,70
58,0	4332,14	854,90	900,00	1754,90	40,5	2577,24	4689,99	987,80	575,20	1563,00	33,3	3126,99
59,0	4406,83	881,60	544,48	1426,08	32,4	2980,75	4770,85	1018,90	583,98	1602,88	33,6	3167,98
60,0	4481,53	909,20	552,59	1461,79	32,6	3019,74	4851,72	1050,30	592,75	1643,05	33,9	3208,66
61,0	4556,22	937,10	560,69	1497,79	32,9	3058,43	4932,58	1082,00	601,52	1683,52	34,1	3249,05
62,0	4630,91	965,30	568,79	1534,09	33,1	3096,82	5013,44	1114,00	610,30	1724,30	34,4	3289,14
63,0	4705,60	993,80	576,90	1570,70	33,4	3134,91	5094,30	1146,40	619,07	1765,47	34,7	3328,83
64,0	4780,29	1022,50	585,00	1607,50	33,6	3172,79	5175,16	1179,00	627,85	1806,85	34,9	3368,32
65,0	4854,99	1051,50	593,11	1644,61	33,9	3210,38	5256,02	1212,00	636,62	1848,62	35,2	3407,41
66,0	4929,68	1080,80	601,21	1682,01	34,1	3247,67	5336,89	1245,40	645,39	1890,79	35,4	3446,09
67,0	5004,37	1110,50	609,31	1719,81	34,4	3284,56	5417,75	1278,90	654,17	1933,07	35,7	3484,68
68,0	5079,06	1140,30	617,42	1757,72	34,6	3321,34	5498,61	1312,50	662,94	1975,44	35,9	3523,17
69,0	5153,76	1170,40	625,52	1795,92	34,8	3357,83	5579,47	1346,00	671,71	2017,71	36,2	3561,76
70,0	5228,45	1200,80	633,63	1834,43	35,1	3394,02	5660,33	1379,60	680,49	2060,09	36,4	3600,25

noch Tabelle 1.2

Std.-Entgelt: (BAT Vb/a) TVöD E.-Gr.9 18,54 €

Std.	Brutto	Steuern	Sozial-vers.	Summe Abzüge €	Summe Abzüge %	Netto
1,0	85,99	,00	,00	,00	,0	85,99
2,0	171,97	,00	,00	,00	,0	171,97
3,0	257,96	,00	,00	,00	,0	257,96
4,0	343,94	,00	,00	,00	,0	343,94
5,0	429,93	,00	,00	,00	,0	429,93
6,0	515,92	,00	107,18	107,18	20,8	408,73
7,0	601,90	,00	125,05	125,05	20,8	476,86
8,0	687,89	,00	142,91	142,91	20,8	544,98
9,0	773,87	,00	160,77	160,77	20,8	613,10
10,0	859,86	,00	178,64	178,64	20,8	681,22
11,0	945,85	,00	196,50	196,50	20,8	749,35
12,0	1031,83	2,90	214,36	217,26	21,1	814,57
13,0	1117,82	13,70	232,23	245,93	22,0	871,89
14,0	1203,80	25,60	250,09	275,69	22,9	928,11
15,0	1289,79	38,80	267,95	306,75	23,8	983,04
16,0	1375,78	54,50	285,82	340,32	24,7	1035,46
17,0	1461,76	72,50	303,68	376,18	25,7	1085,58
18,0	1547,75	94,10	321,54	415,64	26,9	1132,10
19,0	1633,74	117,90	339,41	457,31	28,0	1176,43
20,0	1719,72	137,10	357,27	494,37	28,7	1225,35
21,0	1805,71	156,40	375,14	531,54	29,4	1274,17
22,0	1891,69	176,00	393,00	569,00	30,1	1322,69
23,0	1977,68	195,90	410,86	606,76	30,7	1370,92
24,0	2063,67	216,00	428,73	644,73	31,2	1418,94
25,0	2149,65	236,50	446,59	683,09	31,8	1466,56
26,0	2235,64	257,30	464,45	721,75	32,3	1513,88
27,0	2321,62	278,30	482,32	760,62	32,8	1561,01
28,0	2407,61	299,70	500,18	799,88	33,2	1607,73
29,0	2493,60	321,30	518,04	839,34	33,7	1654,25
30,0	2579,58	343,30	535,91	879,21	34,1	1700,37
31,0	2665,57	365,50	553,77	919,27	34,5	1746,30
32,0	2751,55	388,00	571,64	959,64	34,9	1791,92
33,0	2837,54	410,90	589,50	1000,40	35,3	1837,14
34,0	2923,53	434,00	607,36	1041,36	35,6	1882,16
35,0	3009,51	457,50	625,23	1082,73	36,0	1926,79
36,0	3095,50	481,10	643,09	1124,19	36,3	1971,31
37,0	3181,48	505,10	660,95	1166,05	36,7	2015,43
38,0	3267,47	529,50	678,82	1208,32	37,0	2059,15
39,0	3353,46	554,00	696,68	1250,68	37,3	2102,78
40,0	3439,44	579,00	714,54	1293,54	37,6	2145,90
41,0	3525,43	604,10	732,41	1336,51	37,9	2188,92
42,0	3611,41	629,60	750,27	1379,87	38,2	2231,54
43,0	3697,40	655,40	768,13	1423,53	38,5	2273,87
44,0	3783,39	681,50	786,00	1467,50	38,8	2315,89
45,0	3869,37	707,90	803,86	1511,76	39,1	2357,61
46,0	3955,36	734,50	821,73	1556,23	39,3	2399,13
47,0	4041,34	761,50	839,59	1601,09	39,6	2440,26
48,0	4127,33	788,80	857,45	1646,25	39,9	2481,08
49,0	4213,32	816,40	875,32	1691,72	40,2	2521,60
50,0	4299,30	844,20	893,18	1737,38	40,4	2561,92
51,0	4385,29	873,70	542,14	1415,84	32,3	2969,45
52,0	4471,27	905,50	551,47	1456,97	32,6	3014,30
53,0	4557,26	937,50	560,80	1498,30	32,9	3058,96
54,0	4643,25	970,00	570,13	1540,13	33,2	3103,11
55,0	4729,23	1002,90	579,46	1582,36	33,5	3146,87
56,0	4815,22	1036,00	588,79	1624,79	33,7	3190,43
57,0	4901,21	1069,60	598,12	1667,72	34,0	3233,48
58,0	4987,19	1103,60	607,45	1711,05	34,3	3276,14
59,0	5073,18	1137,90	616,78	1754,68	34,6	3318,50
60,0	5159,16	1172,50	626,11	1798,61	34,9	3360,55
61,0	5245,15	1207,60	635,44	1843,04	35,1	3402,11
62,0	5331,14	1243,00	644,77	1887,77	35,4	3443,37
63,0	5417,12	1278,70	654,10	1932,80	35,7	3484,32
64,0	5503,11	1314,40	663,43	1977,83	35,9	3525,28
65,0	5589,09	1350,00	672,76	2022,76	36,2	3566,34
66,0	5675,08	1385,70	682,09	2067,79	36,4	3607,29
67,0	5761,07	1421,40	691,42	2112,82	36,7	3648,25
68,0	5847,05	1457,10	700,75	2157,85	36,9	3689,21
69,0	5933,04	1492,80	710,07	2202,87	37,1	3730,16
70,0	6019,02	1528,40	719,40	2247,80	37,3	3771,22

Std.-Entgelt: (BAT IVb) TVöD E.-Gr.10 21,44 €

Std.	Brutto	Steuern	Sozial-vers.	Summe Abzüge €	Summe Abzüge %	Netto
1,0	99,44	,00	,00	,00	,0	99,44
2,0	198,87	,00	,00	,00	,0	198,87
3,0	298,31	,00	,00	,00	,0	298,31
4,0	397,74	,00	,00	,00	,0	397,74
5,0	497,18	,00	103,29	103,29	20,8	393,89
6,0	596,62	,00	123,95	123,95	20,8	472,67
7,0	696,05	,00	144,60	144,60	20,8	551,45
8,0	795,49	,00	165,26	165,26	20,8	630,22
9,0	894,92	,00	185,92	185,92	20,8	709,00
10,0	994,36	,00	206,58	206,58	20,8	787,78
11,0	1093,79	10,50	227,24	237,74	21,7	856,06
12,0	1193,23	24,10	247,89	271,99	22,8	921,24
13,0	1292,67	39,20	268,55	307,75	23,8	984,91
14,0	1392,10	57,90	289,21	347,11	24,9	1044,99
15,0	1491,54	79,30	309,87	389,17	26,1	1102,37
16,0	1590,97	106,00	330,52	436,52	27,4	1154,45
17,0	1690,41	130,60	351,18	481,78	28,5	1208,63
18,0	1789,85	152,90	371,84	524,74	29,3	1265,11
19,0	1889,28	175,40	392,50	567,90	30,1	1321,38
20,0	1988,72	198,40	413,16	611,56	30,8	1377,16
21,0	2088,15	221,90	433,81	655,71	31,4	1432,44
22,0	2187,59	245,60	454,47	700,07	32,0	1487,52
23,0	2287,02	269,80	475,13	744,93	32,6	1542,10
24,0	2386,46	294,40	495,79	790,19	33,1	1596,27
25,0	2485,90	319,40	516,45	835,84	33,6	1650,05
26,0	2585,33	344,80	537,10	881,90	34,1	1703,43
27,0	2684,77	370,50	557,76	928,26	34,6	1756,51
28,0	2784,20	396,70	578,42	975,12	35,0	1809,09
29,0	2883,64	423,20	599,08	1022,28	35,5	1861,36
30,0	2983,08	450,20	619,73	1069,93	35,9	1913,14
31,0	3082,51	477,50	640,39	1117,89	36,3	1964,62
32,0	3181,95	505,30	661,05	1166,35	36,7	2015,60
33,0	3281,38	533,50	681,71	1215,21	37,0	2066,18
34,0	3380,82	562,00	702,37	1264,37	37,4	2116,45
35,0	3480,26	590,90	723,02	1313,92	37,8	2166,33
36,0	3579,69	620,20	743,68	1363,88	38,1	2215,81
37,0	3679,13	649,90	764,34	1414,24	38,4	2264,89
38,0	3778,56	680,00	785,00	1465,00	38,8	2313,57
39,0	3878,00	710,50	805,65	1516,15	39,1	2361,84
40,0	3977,43	741,40	826,31	1567,71	39,4	2409,72
41,0	4076,87	772,80	846,97	1619,77	39,7	2457,10
42,0	4176,31	804,40	867,63	1672,03	40,0	2504,28
43,0	4275,74	836,50	888,29	1724,79	40,3	2550,96
44,0	4375,18	870,00	541,05	1411,05	32,3	2964,13
45,0	4474,61	906,70	551,84	1458,54	32,6	3016,08
46,0	4574,05	943,90	562,62	1506,52	32,9	3067,53
47,0	4673,49	981,50	573,41	1554,91	33,3	3118,57
48,0	4772,92	1019,70	584,20	1603,90	33,6	3169,02
49,0	4872,36	1058,30	594,99	1653,29	33,9	3219,07
50,0	4971,79	1097,50	605,78	1703,28	34,3	3268,51
51,0	5071,23	1137,10	616,57	1753,67	34,6	3317,56
52,0	5170,67	1177,20	627,36	1804,56	34,9	3366,11
53,0	5270,10	1217,90	638,15	1856,05	35,2	3414,06
54,0	5369,54	1258,90	648,93	1907,83	35,5	3461,70
55,0	5468,97	1300,20	659,72	1959,92	35,8	3509,05
56,0	5568,41	1341,40	670,51	2011,91	36,1	3556,50
57,0	5667,84	1382,70	681,30	2064,00	36,4	3603,84
58,0	5767,28	1423,90	692,09	2115,99	36,7	3651,29
59,0	5866,72	1465,30	702,88	2168,18	37,0	3698,54
60,0	5966,15	1506,50	713,67	2220,17	37,2	3745,98
61,0	6065,59	1547,80	724,46	2272,26	37,5	3793,33
62,0	6165,02	1589,00	735,25	2324,25	37,7	3840,78
63,0	6264,46	1630,30	746,03	2376,33	37,9	3888,13
64,0	6363,90	1672,00	755,32	2427,31	38,1	3936,58
65,0	6463,33	1716,00	755,32	2471,31	38,2	3992,02
66,0	6562,77	1760,00	755,32	2515,31	38,3	4047,45
67,0	6662,20	1804,10	755,32	2559,42	38,4	4102,79
68,0	6761,64	1848,20	755,32	2603,52	38,5	4158,12
69,0	6861,08	1892,20	755,32	2647,52	38,6	4213,56
70,0	6960,51	1936,30	755,32	2691,62	38,7	4268,90

noch Tabelle 1.2

Std.-Entgelt: (BAT IVa) TVöD E.-Gr.11 22,19 €

Std.	Brutto	Steuern	Sozial-vers.	Summe Abzüge €	%	Netto
1,0	102,91	,00	,00	,00	,0	102,91
2,0	205,83	,00	,00	,00	,0	205,83
3,0	308,74	,00	,00	,00	,0	308,74
4,0	411,66	,00	,00	,00	,0	411,66
5,0	514,57	,00	106,90	106,90	20,8	407,67
6,0	617,49	,00	128,28	128,28	20,8	489,20
7,0	720,40	,00	149,66	149,66	20,8	570,74
8,0	823,31	,00	171,04	171,04	20,8	652,27
9,0	926,23	,00	192,42	192,42	20,8	733,80
10,0	1029,14	2,60	213,80	216,40	21,0	812,74
11,0	1132,06	15,50	235,18	250,68	22,1	881,37
12,0	1234,97	30,30	256,57	286,87	23,2	948,11
13,0	1337,89	47,10	277,95	325,05	24,3	1012,84
14,0	1440,80	68,00	299,33	367,33	25,5	1073,47
15,0	1543,71	93,00	320,71	413,71	26,8	1130,01
16,0	1646,63	121,00	342,09	463,09	28,1	1183,54
17,0	1749,54	143,80	363,47	507,27	29,0	1242,28
18,0	1852,46	167,00	384,85	551,85	29,8	1300,61
19,0	1955,37	190,70	406,23	596,93	30,5	1358,44
20,0	2058,29	214,80	427,61	642,41	31,2	1415,88
21,0	2161,20	239,30	448,99	688,29	31,8	1472,91
22,0	2264,11	264,20	470,37	734,57	32,4	1529,54
23,0	2367,03	289,50	491,75	781,25	33,0	1585,78
24,0	2469,94	315,40	513,13	828,53	33,5	1641,41
25,0	2572,86	341,50	534,51	876,01	34,0	1696,85
26,0	2675,77	368,20	555,89	924,09	34,5	1751,68
27,0	2778,69	395,20	577,27	972,47	35,0	1806,21
28,0	2881,60	422,70	598,65	1021,35	35,4	1860,25
29,0	2984,51	450,50	620,03	1070,53	35,9	1913,98
30,0	3087,43	478,90	641,41	1120,31	36,3	1967,11
31,0	3190,34	507,60	662,79	1170,39	36,7	2019,95
32,0	3293,26	536,80	684,17	1220,97	37,1	2072,28
33,0	3396,17	566,40	705,55	1271,95	37,5	2124,22
34,0	3499,09	596,40	726,93	1323,33	37,8	2175,75
35,0	3602,00	626,90	748,32	1375,22	38,2	2226,78
36,0	3704,91	657,70	769,70	1427,40	38,5	2277,52
37,0	3807,83	688,90	791,08	1479,98	38,9	2327,85
38,0	3910,74	720,70	812,46	1533,16	39,2	2377,59
39,0	4013,66	752,80	833,84	1586,64	39,5	2427,02
40,0	4116,57	785,40	855,22	1640,62	39,9	2475,95
41,0	4219,48	818,40	876,60	1695,00	40,2	2524,49
42,0	4322,40	851,70	897,98	1749,68	40,5	2572,72
43,0	4425,31	888,50	546,49	1434,99	32,4	2990,33
44,0	4528,23	926,60	557,65	1484,25	32,8	3043,98
45,0	4631,14	965,50	568,82	1534,32	33,1	3096,82
46,0	4734,06	1004,70	579,99	1584,69	33,5	3149,37
47,0	4836,97	1044,50	591,15	1635,65	33,8	3201,32
48,0	4939,88	1084,90	602,32	1687,22	34,2	3252,67
49,0	5042,80	1125,70	613,48	1739,18	34,5	3303,62
50,0	5145,71	1167,10	624,65	1791,75	34,8	3353,96
51,0	5248,63	1209,00	635,82	1844,82	35,1	3403,81
52,0	5351,54	1251,50	646,98	1898,48	35,5	3453,06
53,0	5454,46	1294,20	658,15	1952,35	35,8	3502,11
54,0	5557,37	1336,90	669,31	2006,21	36,1	3551,16
55,0	5660,28	1379,60	680,48	2060,08	36,4	3600,20
56,0	5763,20	1422,30	691,65	2113,95	36,7	3649,25
57,0	5866,11	1465,00	702,81	2167,81	37,0	3698,30
58,0	5969,03	1507,70	713,98	2221,68	37,2	3747,35
59,0	6071,94	1550,40	725,15	2275,55	37,5	3796,40
60,0	6174,86	1593,10	736,31	2329,41	37,7	3845,44
61,0	6277,77	1635,80	747,48	2383,28	38,0	3894,49
62,0	6380,68	1679,40	755,32	2434,72	38,2	3945,97
63,0	6483,60	1725,00	755,32	2480,31	38,3	4003,28
64,0	6586,51	1770,60	755,32	2525,92	38,3	4060,60
65,0	6689,43	1816,20	755,32	2571,52	38,4	4117,91
66,0	6792,34	1861,80	755,32	2617,12	38,5	4175,23
67,0	6895,26	1907,40	755,32	2662,72	38,6	4232,54
68,0	6998,17	1953,00	755,32	2708,31	38,7	4289,86
69,0	7101,08	1998,50	755,32	2753,81	38,8	4347,27
70,0	7204,00	2044,20	755,32	2799,52	38,9	4404,48

Tabelle 1.3

Monatliche Überstundenentgelte in €*) bei Wochenarbeitszeiten von 40–70 Stunden in den Entgeltgruppen 1 bis 11 des TVöD/Bund/West

Ledige (Grundtabelle)

Berechnungen mit Überstundenentgelten*)

Einkommensteuertarif ab 2017 (unter Einschluss des Solidaritätszuschlages [5,5 %])

Entgelte ab 1.3.2016 bis 31.1.2017

Sozialversicherung einschließlich Pflegeversicherung ab 1.1.2017

	Überstd.-Entg.: (BAT X) TVöD E.-Gr.1 13,34 €						Überstd.-Entg.: (BAT IXb/a) TVöD E.-Gr.2 16,59 €					
Std.	Brutto	Steuern	Sozial- vers.	Summe Abzüge €	Summe Abzüge %	Netto	Brutto	Steuern	Sozial- vers.	Summe Abzüge €	Summe Abzüge %	Netto
40,0	1928,30	184,40	400,60	585,00	30,3	1343,29	2398,15	297,30	498,22	795,52	33,2	1602,64
41,0	1986,30	197,90	412,65	610,55	30,7	1375,75	2470,29	315,40	513,20	828,60	33,5	1641,68
42,0	2044,30	211,50	424,70	636,20	31,1	1408,10	2542,42	333,70	528,19	861,89	33,9	1680,53
43,0	2102,30	225,20	436,75	661,95	31,5	1440,35	2614,55	352,30	543,17	895,47	34,2	1719,08
44,0	2160,31	239,00	448,80	687,80	31,8	1472,50	2686,69	371,00	558,16	929,16	34,6	1757,53
45,0	2218,31	253,00	460,85	713,85	32,2	1504,45	2758,82	389,90	573,14	963,04	34,9	1795,77
46,0	2276,31	267,20	472,90	740,10	32,5	1536,21	2830,95	409,10	588,13	997,23	35,2	1833,72
47,0	2334,31	281,50	484,95	766,45	32,8	1567,86	2903,09	428,50	603,12	1031,62	35,5	1871,47
48,0	2392,32	295,90	497,00	792,90	33,1	1599,41	2975,22	448,00	618,10	1066,10	35,8	1909,12
49,0	2450,32	310,40	509,05	819,45	33,4	1630,86	3047,35	467,80	633,09	1100,89	36,1	1946,46
50,0	2508,32	325,00	521,10	846,10	33,7	1662,22	3119,49	487,80	648,07	1135,87	36,4	1983,61
51,0	2566,32	339,90	533,15	873,05	34,0	1693,27	3191,62	508,00	663,06	1171,06	36,7	2020,56
52,0	2624,32	354,80	545,20	900,00	34,3	1724,32	3263,75	528,40	678,04	1206,44	37,0	2057,31
53,0	2682,33	369,90	557,25	927,15	34,6	1755,17	3335,89	549,00	693,03	1242,03	37,2	2093,86
54,0	2740,33	385,10	569,30	954,40	34,8	1785,93	3408,02	569,80	708,02	1277,82	37,5	2130,20
55,0	2798,33	400,40	581,35	981,75	35,1	1816,58	3480,15	590,90	723,00	1313,90	37,8	2166,25
56,0	2856,33	415,90	593,40	1009,30	35,3	1847,03	3552,29	612,10	737,99	1350,09	38,0	2202,20
57,0	2914,34	431,50	605,45	1036,95	35,6	1877,38	3624,42	633,50	752,97	1386,47	38,3	2237,95
58,0	2972,34	447,30	617,50	1064,80	35,8	1907,54	3696,55	655,10	767,96	1423,06	38,5	2273,49
59,0	3030,34	463,10	629,55	1092,65	36,1	1937,69	3768,69	677,00	782,94	1459,94	38,7	2308,74
60,0	3088,34	479,10	641,60	1120,70	36,3	1967,64	3840,82	699,10	797,93	1497,03	39,0	2343,79
61,0	3146,35	495,30	653,65	1148,95	36,5	1997,39	3912,95	721,40	812,92	1534,32	39,2	2378,64
62,0	3204,35	511,50	665,70	1177,20	36,7	2027,14	3985,09	743,90	827,90	1571,80	39,4	2413,28
63,0	3262,35	528,00	677,75	1205,75	37,0	2056,60	4057,22	766,50	842,89	1609,39	39,7	2447,83
64,0	3320,35	544,50	689,80	1234,30	37,2	2086,05	4129,35	789,40	857,87	1647,27	39,9	2482,08
65,0	3378,35	561,20	701,85	1263,05	37,4	2115,30	4201,49	812,50	872,86	1685,36	40,1	2516,13
66,0	3436,36	578,00	713,90	1291,90	37,6	2144,45	4273,62	835,90	887,84	1723,74	40,3	2549,87
67,0	3494,36	595,00	725,95	1320,95	37,8	2173,41	4345,75	859,40	902,83	1762,23	40,6	2583,52
68,0	3552,36	612,10	738,00	1350,10	38,0	2202,26	4417,89	885,70	545,68	1431,38	32,4	2986,50
69,0	3610,36	629,30	750,05	1379,35	38,2	2231,01	4490,02	912,40	553,51	1465,91	32,6	3024,11
70,0	3668,37	646,70	762,10	1408,80	38,4	2259,56	4562,15	939,40	561,33	1500,73	32,9	3061,42

*) 39,0 Std./Woche x 4,348 x Stundenentgelt einschließlich anteilige Jahressonderzahlung plus Überstunden/Woche x 4,348 x Überstundenentgelt. Unterstellt ist eine regelmäßige monatliche Ableistung von Überstunden. Nicht berücksichtigt ist dabei, ob die Überstunden auch an Sonn- und Feiertagen und/oder nachts geleistet werden. Hierfür fallen Sonderzuschläge an.
Darüber hinaus gelten steuerliche Sonderregelungen.

noch Tabelle 1.3

	Überstd.-Entg.: (BAT VIII) TVöD E.-Gr.3 17,89 €						Überstd.-Entg.: (BAT VII) TVöD E.-Gr.5 19,46 €					
Std.	Brutto	Steuern	Sozial- vers.	Summe Abzüge €	%	Netto	Brutto	Steuern	Sozial- vers.	Summe Abzüge €	%	Netto
40,0	2586,09	344,90	537,26	882,16	34,1	1703,93	2813,49	404,40	584,50	988,90	35,1	1824,59
41,0	2663,88	365,00	553,42	918,42	34,5	1745,46	2898,10	427,10	602,08	1029,18	35,5	1868,92
42,0	2741,67	385,40	569,58	954,98	34,8	1786,68	2982,72	450,00	619,66	1069,66	35,9	1913,06
43,0	2819,45	406,00	585,74	991,74	35,2	1827,71	3067,33	473,30	637,24	1110,54	36,2	1956,79
44,0	2897,24	426,90	601,90	1028,80	35,5	1868,44	3151,94	496,90	654,82	1151,72	36,5	2000,22
45,0	2975,02	448,00	618,06	1066,06	35,8	1908,96	3236,55	520,70	672,39	1193,09	36,9	2043,46
46,0	3052,81	469,30	634,22	1103,52	36,1	1949,29	3321,16	544,80	689,97	1234,77	37,2	2086,39
47,0	3130,59	490,90	650,38	1141,28	36,5	1989,31	3405,78	569,20	707,55	1276,75	37,5	2129,03
48,0	3208,38	512,70	666,54	1179,24	36,8	2029,14	3490,39	593,90	725,13	1319,03	37,8	2171,36
49,0	3286,17	534,80	682,70	1217,50	37,0	2068,67	3575,00	618,80	742,71	1361,51	38,1	2213,49
50,0	3363,95	557,00	698,86	1255,86	37,3	2108,09	3659,61	644,00	760,28	1404,28	38,4	2255,33
51,0	3441,74	579,60	715,02	1294,62	37,6	2147,12	3744,22	669,60	777,86	1447,46	38,7	2296,76
52,0	3519,52	602,40	731,18	1333,58	37,9	2185,94	3828,84	695,40	795,44	1490,84	38,9	2338,00
53,0	3597,31	625,40	747,34	1372,74	38,2	2224,57	3913,45	721,50	813,02	1534,52	39,2	2378,93
54,0	3675,09	648,70	763,50	1412,20	38,4	2262,89	3998,06	747,90	830,60	1578,50	39,5	2419,56
55,0	3752,88	672,20	779,66	1451,86	38,7	2301,02	4082,67	774,60	848,18	1622,78	39,7	2459,90
56,0	3830,67	695,90	795,82	1491,72	38,9	2338,95	4167,29	801,50	865,75	1667,25	40,0	2500,03
57,0	3908,45	719,90	811,98	1531,88	39,2	2376,57	4251,90	828,80	883,33	1712,13	40,3	2539,77
58,0	3986,24	744,20	828,14	1572,34	39,4	2413,90	4336,51	856,40	900,91	1757,31	40,5	2579,20
59,0	4064,02	768,70	844,30	1613,00	39,7	2451,02	4421,12	886,90	546,03	1432,93	32,4	2988,19
60,0	4141,81	793,40	860,46	1653,86	39,9	2487,95	4505,73	918,20	555,21	1473,41	32,7	3032,32
61,0	4219,59	818,40	876,62	1695,02	40,2	2524,57	4590,35	950,00	564,39	1514,39	33,0	3075,95
62,0	4297,38	843,60	892,78	1736,38	40,4	2561,00	4674,96	982,00	573,57	1555,57	33,3	3119,38
63,0	4375,17	870,00	541,05	1411,05	32,3	2964,12	4759,57	1014,50	582,75	1597,25	33,6	3162,32
64,0	4452,95	898,60	549,49	1448,09	32,5	3004,87	4844,18	1047,40	591,93	1639,33	33,8	3204,85
65,0	4530,74	927,50	557,92	1485,43	32,8	3045,31	4928,79	1080,50	601,11	1681,61	34,1	3247,18
66,0	4608,52	956,90	566,36	1523,26	33,1	3085,26	5013,41	1114,00	610,29	1724,29	34,4	3289,11
67,0	4686,31	986,40	574,80	1561,20	33,3	3125,10	5098,02	1147,90	619,47	1767,38	34,7	3330,64
68,0	4764,09	1016,30	583,24	1599,54	33,6	3164,55	5182,63	1182,10	628,66	1810,76	34,9	3371,87
69,0	4841,88	1046,50	591,68	1638,18	33,8	3203,70	5267,24	1216,70	637,84	1854,54	35,2	3412,71
70,0	4919,67	1076,90	600,12	1677,02	34,1	3242,64	5351,85	1251,60	647,02	1898,62	35,5	3453,24

	Überstd.-Entg.: (BAT VIa/b) TVöD E.-Gr.6 20,29 €						Überstd.-Entg.: (BAT VC) TVöD E.-Gr.8 21,97 €					
Std.	Brutto	Steuern	Sozial- vers.	Summe Abzüge €	%	Netto	Brutto	Steuern	Sozial- vers.	Summe Abzüge €	%	Netto
40,0	2933,77	436,80	609,49	1046,29	35,7	1887,48	3176,22	503,60	659,86	1163,46	36,6	2012,76
41,0	3021,99	460,80	627,82	1088,62	36,0	1933,37	3271,75	530,60	679,71	1210,31	37,0	2061,44
42,0	3110,21	485,20	646,15	1131,35	36,4	1978,86	3367,28	558,00	699,55	1257,55	37,3	2109,72
43,0	3198,43	509,90	664,47	1174,37	36,7	2024,06	3462,80	585,80	719,40	1305,20	37,7	2157,60
44,0	3286,65	535,00	682,80	1217,80	37,1	2068,85	3558,33	613,90	739,24	1353,14	38,0	2205,18
45,0	3374,87	560,20	701,13	1261,33	37,4	2113,54	3653,85	642,40	759,09	1401,49	38,4	2252,36
46,0	3463,09	585,90	719,46	1305,36	37,7	2157,73	3749,38	671,10	778,93	1450,03	38,7	2299,34
47,0	3551,31	611,80	737,79	1349,59	38,0	2201,73	3844,90	700,40	798,78	1499,18	39,0	2345,72
48,0	3639,53	638,00	756,11	1394,11	38,3	2245,42	3940,43	729,90	818,62	1548,52	39,3	2391,90
49,0	3727,75	664,60	774,44	1439,04	38,6	2288,71	4035,95	759,80	838,47	1598,27	39,6	2437,69
50,0	3815,98	691,40	792,77	1484,17	38,9	2331,81	4131,48	790,10	858,31	1648,41	39,9	2483,06
51,0	3904,20	718,60	811,10	1529,70	39,2	2374,50	4227,01	820,80	878,16	1698,96	40,2	2528,05
52,0	3992,42	746,10	829,42	1575,52	39,5	2416,89	4322,53	851,80	898,01	1749,81	40,5	2572,73
53,0	4080,64	773,90	847,75	1621,65	39,7	2458,99	4418,06	885,70	545,70	1431,40	32,4	2986,66
54,0	4168,86	802,00	866,08	1668,08	40,0	2500,78	4513,58	921,20	556,06	1477,26	32,7	3036,32
55,0	4257,08	830,50	884,41	1714,91	40,3	2542,17	4609,11	957,00	566,43	1523,43	33,1	3085,68
56,0	4345,30	859,20	902,74	1761,94	40,5	2583,36	4704,63	993,40	576,79	1570,19	33,4	3134,44
57,0	4433,52	891,50	547,38	1438,88	32,5	2994,64	4800,16	1030,20	587,16	1617,36	33,7	3182,80
58,0	4521,74	924,20	556,95	1481,15	32,8	3040,59	4895,68	1067,50	597,52	1665,02	34,0	3230,66
59,0	4609,96	957,40	566,52	1523,92	33,1	3086,04	4991,21	1105,20	607,89	1713,09	34,3	3278,12
60,0	4698,18	991,00	576,09	1567,09	33,4	3131,09	5086,74	1143,40	618,25	1761,65	34,6	3325,08
61,0	4786,41	1024,90	585,66	1610,56	33,6	3175,84	5182,26	1182,00	628,62	1810,62	34,9	3371,65
62,0	4874,63	1059,20	595,24	1654,44	33,9	3220,19	5277,79	1221,00	638,98	1859,98	35,2	3417,81
63,0	4962,85	1094,00	604,81	1698,81	34,2	3264,04	5373,31	1260,50	649,34	1909,84	35,5	3463,47
64,0	5051,07	1129,00	614,38	1743,38	34,5	3307,69	5468,84	1300,20	659,71	1959,91	35,8	3508,93
65,0	5139,29	1164,50	623,95	1788,45	34,8	3350,84	5564,36	1339,80	670,07	2009,87	36,1	3554,49
66,0	5227,51	1200,40	633,52	1833,92	35,1	3393,59	5659,89	1379,40	680,44	2059,84	36,4	3600,05
67,0	5315,73	1236,60	643,10	1879,70	35,4	3436,03	5755,41	1419,00	690,80	2109,80	36,7	3645,61
68,0	5403,95	1273,30	652,67	1925,97	35,6	3477,98	5850,94	1458,70	701,17	2159,87	36,9	3691,07
69,0	5492,17	1309,90	662,24	1972,14	35,9	3520,03	5946,47	1498,40	711,53	2209,93	37,2	3736,53
70,0	5580,39	1346,40	671,81	2018,21	36,2	3562,18	6041,99	1537,90	721,90	2259,80	37,4	3782,20

noch Tabelle 1.3

Überstd.-Entg.: (BAT Vb/a) TVöD E.-Gr.9 23,54 €

Std.	Brutto	Steuern	Sozial- vers.	Summe Abzüge €	%	Netto
40,0	3378,03	561,10	701,79	1262,89	37,4	2115,15
41,0	3480,38	591,00	723,05	1314,05	37,8	2166,33
42,0	3582,73	621,10	744,31	1365,41	38,1	2217,32
43,0	3685,09	651,70	765,58	1417,28	38,5	2267,81
44,0	3787,44	682,80	786,84	1469,64	38,8	2317,80
45,0	3889,79	714,20	808,10	1522,30	39,1	2367,49
46,0	3992,14	746,00	829,37	1575,37	39,5	2416,77
47,0	4094,49	778,30	850,63	1628,93	39,8	2465,56
48,0	4196,85	811,00	871,89	1682,89	40,1	2513,95
49,0	4299,20	844,10	893,16	1737,26	40,4	2561,94
50,0	4401,55	879,70	543,91	1423,61	32,3	2977,94
51,0	4503,90	917,50	555,01	1472,51	32,7	3031,39
52,0	4606,25	956,00	566,12	1522,12	33,0	3084,14
53,0	4708,61	995,00	577,22	1572,22	33,4	3136,38
54,0	4810,96	1034,40	588,33	1622,73	33,7	3188,23
55,0	4913,31	1074,40	599,43	1673,83	34,1	3239,48
56,0	5015,66	1114,90	610,54	1725,44	34,4	3290,22
57,0	5118,01	1156,00	621,64	1777,64	34,7	3340,37
58,0	5220,37	1197,50	632,75	1830,25	35,1	3390,12
59,0	5322,72	1239,50	643,85	1883,35	35,4	3439,36
60,0	5425,07	1282,00	654,96	1936,96	35,7	3488,11
61,0	5527,42	1324,40	666,07	1990,47	36,0	3536,96
62,0	5629,77	1366,90	677,17	2044,07	36,3	3585,70
63,0	5732,13	1409,40	688,28	2097,68	36,6	3634,45
64,0	5834,48	1451,90	699,38	2151,28	36,9	3683,20
65,0	5936,83	1494,40	710,49	2204,89	37,1	3731,94
66,0	6039,18	1536,80	721,59	2258,39	37,4	3780,79
67,0	6141,53	1579,30	732,70	2312,00	37,6	3829,54
68,0	6243,88	1621,80	743,80	2365,60	37,9	3878,28
69,0	6346,24	1664,20	754,91	2419,11	38,1	3927,13
70,0	6448,59	1709,50	755,32	2464,81	38,2	3983,77

Überstd.-Entg.: (BAT IVa) TVöD E.-Gr.10 24,09 €

Std.	Brutto	Steuern	Sozial- vers.	Summe Abzüge €	%	Netto
40,0	3894,11	715,50	809,00	1524,50	39,1	2369,61
41,0	3998,86	748,10	830,76	1578,86	39,5	2419,99
42,0	4103,60	781,20	852,52	1633,72	39,8	2469,88
43,0	4208,34	814,70	874,28	1688,98	40,1	2519,36
44,0	4313,09	848,70	896,04	1744,74	40,5	2568,34
45,0	4417,83	885,70	545,67	1431,37	32,4	2986,45
46,0	4522,57	924,50	557,04	1481,54	32,8	3041,03
47,0	4627,32	964,00	568,40	1532,40	33,1	3094,91
48,0	4732,06	1004,00	579,77	1583,77	33,5	3148,29
49,0	4836,80	1044,50	591,13	1635,63	33,8	3201,17
50,0	4941,55	1085,50	602,50	1688,00	34,2	3253,55
51,0	5046,29	1127,10	613,86	1740,96	34,5	3305,33
52,0	5151,03	1169,30	625,23	1794,53	34,8	3356,51
53,0	5255,78	1212,00	636,59	1848,59	35,2	3407,18
54,0	5360,52	1255,20	647,96	1903,16	35,5	3457,36
55,0	5465,26	1298,70	659,32	1958,02	35,8	3507,24
56,0	5570,01	1342,10	670,69	2012,79	36,1	3557,22
57,0	5674,75	1385,60	682,05	2067,65	36,4	3607,10
58,0	5779,49	1429,00	693,41	2122,42	36,7	3657,08
59,0	5884,24	1472,50	704,78	2177,28	37,0	3706,96
60,0	5988,98	1515,90	716,14	2232,04	37,3	3756,94
61,0	6093,72	1559,40	727,51	2286,91	37,5	3806,81
62,0	6198,47	1602,90	738,87	2341,77	37,8	3856,69
63,0	6303,21	1646,40	750,24	2396,64	38,0	3906,57
64,0	6407,95	1691,50	755,32	2446,81	38,2	3961,14
65,0	6512,70	1737,90	755,32	2493,22	38,3	4019,48
66,0	6617,44	1784,30	755,32	2539,62	38,4	4077,82
67,0	6722,18	1830,70	755,32	2586,02	38,5	4136,17
68,0	6826,93	1877,10	755,32	2632,42	38,6	4194,51
69,0	6931,67	1923,50	755,32	2678,81	38,6	4252,85
70,0	7036,41	1969,90	755,32	2725,22	38,7	4311,20

Überstd.-Verg.: (BAT IVa) TVöD E.-Gr.11 24,93 €

Std.	Brutto	Steuern	Sozial- vers.	Summe Abzüge €	%	Netto
40,0	4029,81	757,90	837,19	1595,09	39,6	2434,71
41,0	4138,20	792,30	859,71	1652,01	39,9	2486,19
42,0	4246,60	827,10	882,23	1709,33	40,3	2537,27
43,0	4354,99	862,50	538,86	1401,36	32,2	2953,64
44,0	4463,39	902,50	550,62	1453,12	32,6	3010,27
45,0	4571,78	943,00	562,38	1505,38	32,9	3066,40
46,0	4680,18	984,10	574,14	1558,24	33,3	3121,94
47,0	4788,57	1025,70	585,90	1611,60	33,7	3176,97
48,0	4896,97	1068,00	597,66	1665,66	34,0	3231,31
49,0	5005,37	1110,80	609,42	1720,22	34,4	3285,14
50,0	5113,76	1154,20	621,18	1775,38	34,7	3338,38
51,0	5222,16	1198,20	632,94	1831,14	35,1	3391,01
52,0	5330,55	1242,80	644,71	1887,51	35,4	3443,05
53,0	5438,95	1287,80	656,47	1944,27	35,7	3494,68
54,0	5547,34	1332,70	668,23	2000,93	36,1	3546,42
55,0	5655,74	1377,70	679,99	2057,69	36,4	3598,05
56,0	5764,14	1422,70	691,75	2114,45	36,7	3649,69
57,0	5872,53	1467,60	703,51	2171,11	37,0	3701,42
58,0	5980,93	1512,60	715,27	2227,87	37,2	3753,06
59,0	6089,32	1557,60	727,03	2284,63	37,5	3804,69
60,0	6197,72	1602,60	738,79	2341,39	37,8	3856,33
61,0	6306,11	1647,50	750,55	2398,05	38,0	3908,06
62,0	6414,51	1694,40	755,32	2449,72	38,2	3964,79
63,0	6522,90	1742,40	755,32	2497,72	38,3	4025,19
64,0	6631,30	1790,50	755,32	2545,81	38,4	4085,49
65,0	6739,70	1838,50	755,32	2593,81	38,5	4145,88
66,0	6848,09	1886,50	755,32	2641,81	38,6	4206,28
67,0	6956,49	1934,50	755,32	2689,81	38,7	4266,67
68,0	7064,88	1982,50	755,32	2737,81	38,8	4327,07
69,0	7173,28	2030,60	755,32	2785,92	38,8	4387,36
70,0	7281,67	2078,60	755,32	2833,92	38,9	4447,76

Tabelle 1.4

Monatliche Überstundenentgelte in €*) bei Wochenarbeitszeiten von 40–70 Stunden in den Entgeltgruppen 1 bis 11 des TVöD/Bund/West

Ledige (Grundtabelle)

Entgelte ab 1.2.2017 bis 28.2.2018

Berechnungen mit Überstundenentgelten*)

Einkommensteuertarif ab 2017 (unter Einschluss des Solidaritätszuschlages [5,5 %])

Sozialversicherung einschließlich Pflegeversicherung ab 1.1.2017

Überstd.-Entg.: (BAT X) TVöD E.-Gr.1 13,65 €   Überstd.-Entg.: (BAT IXb/a) TVöD E.-Gr.2 16,98 €

Std.	Brutto	Steuern	Sozial-vers.	Summe €	Abzüge %	Netto	Brutto	Steuern	Sozial-vers.	Summe €	Abzüge %	Netto
40,0	1973,39	194,90	409,97	604,87	30,7	1368,52	2454,54	311,40	509,93	821,33	33,5	1633,21
41,0	2032,74	208,80	422,30	631,10	31,0	1401,64	2528,36	330,20	525,27	855,47	33,8	1672,90
42,0	2092,09	222,80	434,63	657,43	31,4	1434,66	2602,19	349,10	540,61	889,71	34,2	1712,49
43,0	2151,44	237,00	446,96	683,96	31,8	1467,48	2676,02	368,20	555,94	924,14	34,5	1751,88
44,0	2210,79	251,30	459,29	710,59	32,1	1500,20	2749,85	387,60	571,28	958,88	34,9	1790,97
45,0	2270,15	265,70	471,62	737,32	32,5	1532,82	2823,68	407,20	586,62	993,82	35,2	1829,86
46,0	2329,50	280,30	483,95	764,25	32,8	1565,24	2897,51	427,00	601,96	1028,96	35,5	1868,55
47,0	2388,85	295,00	496,28	791,28	33,1	1597,56	2971,34	447,00	617,30	1064,30	35,8	1907,04
48,0	2448,20	309,90	508,61	818,51	33,4	1629,68	3045,17	467,20	632,63	1099,83	36,1	1945,33
49,0	2507,55	324,90	520,94	845,84	33,7	1661,70	3119,00	487,60	647,97	1135,57	36,4	1983,43
50,0	2566,90	340,00	533,27	873,27	34,0	1693,62	3192,83	508,40	663,31	1171,71	36,7	2021,12
51,0	2626,25	355,30	545,60	900,90	34,3	1725,34	3266,65	529,20	678,65	1207,85	37,0	2058,81
52,0	2685,60	370,70	557,93	928,63	34,6	1756,96	3340,48	550,30	693,99	1244,29	37,2	2096,20
53,0	2744,95	386,30	570,26	956,56	34,8	1788,38	3414,31	571,60	709,32	1280,92	37,5	2133,39
54,0	2804,30	402,00	582,59	984,59	35,1	1819,70	3488,14	593,20	724,66	1317,86	37,8	2170,28
55,0	2863,65	417,90	594,92	1012,82	35,4	1850,82	3561,97	614,90	740,00	1354,90	38,0	2207,07
56,0	2923,00	433,90	607,25	1041,15	35,6	1881,84	3635,80	636,90	755,34	1392,24	38,3	2243,56
57,0	2982,35	450,00	619,58	1069,58	35,9	1912,76	3709,63	659,10	770,68	1429,78	38,5	2279,85
58,0	3041,70	466,30	631,91	1098,21	36,1	1943,49	3783,46	681,50	786,01	1467,51	38,8	2315,94
59,0	3101,05	482,60	644,24	1126,84	36,3	1974,21	3857,29	704,10	801,35	1505,45	39,0	2351,84
60,0	3160,40	499,20	656,57	1155,77	36,6	2004,63	3931,12	727,00	816,69	1543,69	39,3	2387,43
61,0	3219,75	516,00	668,90	1184,90	36,8	2034,85	4004,94	750,10	832,03	1582,13	39,5	2422,82
62,0	3279,10	532,80	681,23	1214,03	37,0	2065,07	4078,77	773,40	847,37	1620,77	39,7	2458,01
63,0	3338,45	549,70	693,56	1243,26	37,2	2095,19	4152,60	796,90	862,70	1659,60	40,0	2493,00
64,0	3397,80	566,90	705,89	1272,79	37,5	2125,01	4226,43	820,60	878,04	1698,64	40,2	2527,79
65,0	3457,15	584,10	718,22	1302,32	37,7	2154,83	4300,26	844,50	893,38	1737,88	40,4	2562,38
66,0	3516,50	601,50	730,55	1332,05	37,9	2184,45	4374,09	869,50	540,93	1410,43	32,2	2963,66
67,0	3575,85	619,00	742,88	1361,88	38,1	2213,97	4447,92	896,80	548,94	1445,74	32,5	3002,18
68,0	3635,20	636,80	755,21	1392,01	38,3	2243,19	4521,75	924,20	556,95	1481,15	32,8	3040,60
69,0	3694,55	654,50	767,54	1422,04	38,5	2272,51	4595,58	952,00	564,96	1516,96	33,0	3078,62
70,0	3753,90	672,50	779,87	1452,37	38,7	2301,53	4669,41	980,00	572,97	1552,97	33,3	3116,44

*) 39,0 Std./Woche x 4,348 x Stundenentgelt einschließlich anteilige Jahressonderzahlung plus Überstunden/Woche x 4,348 x Überstundenentgelt. Unterstellt ist eine regelmäßige monatliche Ableistung von Überstunden. Nicht berücksichtigt ist dabei, ob die Überstunden auch an Sonn- und Feiertagen und/oder nachts geleistet werden. Hierfür fallen Sonderzuschläge an.
Darüber hinaus gelten steuerliche Sonderregelungen.

noch Tabelle 1.4

	Überstd.-Entg.: (BAT VIII) TVöD E.-Gr.3 18,30 €						Überstd.-Entg.: (BAT VII) TVöD E.-Gr.5 19,92 €					
Std.	Brutto	Steuern	Sozial-vers.	Summe Abzüge €	%	Netto	Brutto	Steuern	Sozial-vers.	Summe Abzüge €	%	Netto
40,0	2646,21	360,40	549,75	910,15	34,4	1736,06	2879,29	422,00	598,17	1020,17	35,4	1859,12
41,0	2725,78	381,30	566,28	947,58	34,8	1778,20	2965,91	445,50	616,17	1061,67	35,8	1904,24
42,0	2805,35	402,30	582,81	985,11	35,1	1820,24	3052,52	469,20	634,16	1103,36	36,1	1949,16
43,0	2884,92	423,50	599,34	1022,84	35,5	1862,07	3139,13	493,30	652,15	1145,45	36,5	1993,68
44,0	2964,48	445,10	615,87	1060,97	35,8	1903,51	3225,74	517,60	670,15	1187,75	36,8	2037,99
45,0	3044,05	466,90	632,40	1099,30	36,1	1944,75	3312,35	542,30	688,14	1230,44	37,1	2081,91
46,0	3123,62	489,00	648,93	1137,93	36,4	1985,69	3398,97	567,20	706,14	1273,34	37,5	2125,63
47,0	3203,19	511,20	665,46	1176,66	36,7	2026,53	3485,58	592,50	724,13	1316,63	37,8	2168,95
48,0	3282,76	533,80	681,99	1215,79	37,0	2066,96	3572,19	617,90	742,12	1360,02	38,1	2212,17
49,0	3362,33	556,60	698,52	1255,12	37,3	2107,20	3658,80	643,80	760,12	1403,92	38,4	2254,89
50,0	3441,89	579,70	715,05	1294,75	37,6	2147,14	3745,42	669,90	778,11	1448,01	38,7	2297,41
51,0	3521,46	603,00	731,58	1334,58	37,9	2186,88	3832,03	696,40	796,10	1492,50	38,9	2339,52
52,0	3601,03	626,50	748,11	1374,61	38,2	2226,42	3918,64	723,10	814,10	1537,20	39,2	2381,44
53,0	3680,60	650,40	764,64	1415,04	38,4	2265,55	4005,25	750,20	832,09	1582,29	39,5	2422,96
54,0	3760,17	674,40	781,17	1455,57	38,7	2304,59	4091,86	777,50	850,08	1627,58	39,8	2464,28
55,0	3839,74	698,80	797,71	1496,51	39,0	2343,23	4178,48	805,10	868,08	1673,18	40,0	2505,30
56,0	3919,30	723,40	814,24	1537,64	39,2	2381,67	4265,09	833,00	886,07	1719,07	40,3	2546,02
57,0	3998,87	748,10	830,77	1578,87	39,5	2420,01	4351,70	861,40	538,50	1399,90	32,2	2951,80
58,0	4078,44	773,30	847,30	1620,60	39,7	2457,84	4438,31	893,20	547,90	1441,10	32,5	2997,22
59,0	4158,01	798,60	863,83	1662,43	40,0	2495,58	4524,92	925,50	557,29	1482,79	32,8	3042,13
60,0	4237,58	824,20	880,36	1704,56	40,2	2533,02	4611,54	958,00	566,69	1524,69	33,1	3086,84
61,0	4317,15	850,00	896,89	1746,89	40,5	2570,26	4698,15	991,00	576,09	1567,09	33,4	3131,06
62,0	4396,71	877,90	543,38	1421,28	32,3	2975,43	4784,76	1024,30	585,49	1609,79	33,6	3174,97
63,0	4476,28	907,30	552,02	1459,32	32,6	3016,97	4871,37	1058,00	594,88	1652,88	33,9	3218,49
64,0	4555,85	937,00	560,65	1497,65	32,9	3058,20	4957,99	1092,00	604,28	1696,28	34,2	3261,70
65,0	4635,42	967,00	569,28	1536,28	33,1	3099,14	5044,60	1126,50	613,68	1740,18	34,5	3304,42
66,0	4714,99	997,40	577,92	1575,32	33,4	3139,67	5131,21	1161,30	623,08	1784,38	34,8	3346,83
67,0	4794,56	1028,00	586,55	1614,55	33,7	3180,01	5217,82	1196,50	632,47	1828,97	35,1	3388,85
68,0	4874,13	1059,00	595,18	1654,18	33,9	3219,94	5304,43	1231,90	641,87	1873,77	35,3	3430,66
69,0	4953,69	1090,30	603,82	1694,12	34,2	3259,58	5391,05	1267,90	651,27	1919,17	35,6	3471,88
70,0	5033,26	1121,90	612,45	1734,35	34,5	3298,91	5477,66	1303,80	660,67	1964,47	35,9	3513,19

	Überstd.-Entg.: (BAT VIa/b) TVöD E.-Gr.6 20,77 €						Überstd.-Entg.: (BAT VC) TVöD E.-Gr.8 22,49 €					
Std.	Brutto	Steuern	Sozial-vers.	Summe Abzüge €	%	Netto	Brutto	Steuern	Sozial-vers.	Summe Abzüge €	%	Netto
40,0	3003,30	455,70	623,94	1079,64	35,9	1923,66	3251,40	524,90	675,48	1200,38	36,9	2051,02
41,0	3093,61	480,60	642,70	1123,30	36,3	1970,31	3349,19	552,80	695,79	1248,59	37,3	2100,59
42,0	3183,92	505,80	661,46	1167,26	36,7	2016,66	3446,97	581,10	716,11	1297,21	37,6	2149,77
43,0	3274,22	531,40	680,22	1211,62	37,0	2062,60	3544,76	609,90	736,42	1346,32	38,0	2198,44
44,0	3364,53	557,30	698,98	1256,28	37,3	2108,25	3642,55	638,90	756,74	1395,64	38,3	2246,91
45,0	3454,84	583,50	717,74	1301,24	37,7	2153,60	3740,33	668,40	777,05	1445,45	38,6	2294,88
46,0	3545,15	610,00	736,50	1346,50	38,0	2198,64	3838,12	698,30	797,37	1495,67	39,0	2342,45
47,0	3635,46	636,80	755,27	1392,07	38,3	2243,39	3935,91	728,40	817,68	1546,08	39,3	2389,82
48,0	3725,76	664,00	774,03	1438,03	38,6	2287,74	4033,69	759,10	838,00	1597,10	39,6	2436,59
49,0	3816,07	691,40	792,79	1484,19	38,9	2331,88	4131,48	790,10	858,31	1648,41	39,9	2483,06
50,0	3906,38	719,40	811,55	1530,95	39,2	2375,43	4229,27	821,50	878,63	1700,13	40,2	2529,14
51,0	3996,69	747,40	830,31	1577,71	39,5	2418,98	4327,05	853,30	898,95	1752,25	40,5	2574,81
52,0	4087,00	775,90	849,07	1624,97	39,8	2462,02	4424,84	888,20	546,44	1434,64	32,4	2990,20
53,0	4177,30	804,80	867,83	1672,63	40,0	2504,67	4522,63	924,50	557,04	1481,54	32,8	3041,08
54,0	4267,61	833,90	886,60	1720,50	40,3	2547,12	4620,41	961,40	567,65	1529,05	33,1	3091,36
55,0	4357,92	863,60	539,17	1402,77	32,2	2955,15	4718,20	998,60	578,26	1576,86	33,4	3141,33
56,0	4448,23	896,90	548,97	1445,87	32,5	3002,35	4815,99	1036,40	588,87	1625,27	33,7	3190,71
57,0	4538,54	930,50	558,77	1489,27	32,8	3049,26	4913,77	1074,60	599,48	1674,08	34,1	3239,69
58,0	4628,84	964,50	568,57	1533,07	33,1	3095,77	5011,56	1113,30	610,09	1723,39	34,4	3288,16
59,0	4719,15	999,00	578,37	1577,37	33,4	3141,78	5109,35	1152,50	620,70	1773,20	34,7	3336,14
60,0	4809,46	1033,80	588,17	1621,97	33,7	3187,49	5207,13	1192,00	631,31	1823,31	35,0	3383,82
61,0	4899,77	1069,00	597,96	1666,96	34,0	3232,80	5304,92	1232,20	641,92	1874,12	35,3	3430,79
62,0	4990,08	1104,70	607,76	1712,46	34,3	3277,61	5402,71	1272,70	652,53	1925,23	35,6	3477,47
63,0	5080,38	1140,80	617,56	1758,36	34,6	3322,02	5500,49	1313,30	663,14	1976,44	35,9	3524,05
64,0	5170,69	1177,30	627,36	1804,66	34,9	3366,03	5598,28	1353,90	673,75	2027,65	36,2	3570,63
65,0	5261,00	1214,10	637,16	1851,26	35,2	3409,74	5696,06	1394,40	684,36	2078,76	36,5	3617,30
66,0	5351,31	1251,40	646,96	1898,36	35,5	3452,95	5793,85	1435,00	694,97	2129,97	36,8	3663,88
67,0	5441,62	1288,90	656,76	1945,66	35,8	3495,96	5891,64	1475,60	705,58	2181,18	37,0	3710,46
68,0	5531,92	1326,40	666,55	1992,95	36,0	3538,97	5989,42	1516,20	716,19	2232,39	37,3	3757,03
69,0	5622,23	1363,80	676,35	2040,15	36,3	3582,08	6087,21	1556,70	726,80	2283,50	37,5	3803,71
70,0	5712,54	1401,30	686,15	2087,45	36,5	3625,09	6185,00	1597,30	737,41	2334,71	37,7	3850,28

noch Tabelle 1.4

Überstd.-Entg.: (BAT Vb/a) TVöD E.-Gr.9 24,10 €

Std.	Brutto	Steuern	Sozial-vers.	Summe €	Abzüge %	Netto
40,0	3458,24	584,50	718,45	1302,95	37,7	2155,29
41,0	3563,03	615,30	740,22	1355,52	38,0	2207,51
42,0	3667,82	646,50	761,99	1408,49	38,4	2259,33
43,0	3772,60	678,20	783,76	1461,96	38,8	2310,65
44,0	3877,39	710,40	805,53	1515,93	39,1	2361,46
45,0	3982,18	742,90	827,30	1570,20	39,4	2411,98
46,0	4086,96	775,90	849,07	1624,97	39,8	2462,00
47,0	4191,75	809,40	870,84	1680,24	40,1	2511,51
48,0	4296,54	843,30	892,61	1735,91	40,4	2560,63
49,0	4401,32	879,50	543,88	1423,38	32,3	2977,94
50,0	4506,11	918,40	555,25	1473,65	32,7	3032,46
51,0	4610,90	957,70	566,62	1524,32	33,1	3086,58
52,0	4715,68	997,70	577,99	1575,69	33,4	3139,99
53,0	4820,47	1038,10	589,36	1627,46	33,8	3193,01
54,0	4925,26	1079,10	600,73	1679,83	34,1	3245,43
55,0	5030,04	1120,60	612,10	1732,70	34,4	3297,34
56,0	5134,83	1162,70	623,47	1786,17	34,8	3348,66
57,0	5239,62	1205,40	634,84	1840,24	35,1	3399,38
58,0	5344,41	1248,50	646,21	1894,71	35,5	3449,70
59,0	5449,19	1292,00	657,58	1949,58	35,8	3499,61
60,0	5553,98	1335,50	668,95	2004,45	36,1	3549,53
61,0	5658,77	1378,90	680,32	2059,22	36,4	3599,55
62,0	5763,55	1422,40	691,69	2114,09	36,7	3649,47
63,0	5868,34	1465,90	703,05	2168,95	37,0	3699,39
64,0	5973,13	1509,40	714,42	2223,82	37,2	3749,30
65,0	6077,91	1552,90	725,79	2278,69	37,5	3799,22
66,0	6182,70	1596,40	737,16	2333,56	37,7	3849,14
67,0	6287,49	1639,90	748,53	2388,43	38,0	3899,05
68,0	6392,27	1684,50	755,32	2439,81	38,2	3952,46
69,0	6497,06	1731,00	755,32	2486,31	38,3	4010,75
70,0	6601,85	1777,40	755,32	2532,72	38,4	4069,13

Überstd.-Entg.: (BAT IVa) TVöD E.-Gr.10 24,66 €

Std.	Brutto	Steuern	Sozial-vers.	Summe €	Abzüge %	Netto
40,0	3985,22	743,90	827,93	1571,83	39,4	2413,39
41,0	4092,44	777,70	850,20	1627,90	39,8	2464,54
42,0	4199,66	811,90	872,48	1684,38	40,1	2515,28
43,0	4306,89	846,70	894,76	1741,46	40,4	2565,43
44,0	4414,11	884,30	545,27	1429,57	32,4	2984,54
45,0	4521,33	924,10	556,90	1481,00	32,8	3040,32
46,0	4628,55	964,50	568,54	1533,04	33,1	3095,51
47,0	4735,77	1005,40	580,17	1585,57	33,5	3150,20
48,0	4842,99	1046,90	591,80	1638,70	33,8	3204,29
49,0	4950,22	1089,00	603,44	1692,44	34,2	3257,78
50,0	5057,44	1131,60	615,07	1746,67	34,5	3310,77
51,0	5164,66	1174,80	626,71	1801,51	34,9	3363,15
52,0	5271,88	1218,60	638,34	1856,94	35,2	3414,94
53,0	5379,10	1262,90	649,97	1912,87	35,6	3466,23
54,0	5486,32	1307,40	661,61	1969,01	35,9	3517,32
55,0	5593,55	1351,90	673,24	2025,14	36,2	3568,41
56,0	5700,77	1396,40	684,87	2081,27	36,5	3619,49
57,0	5807,99	1440,90	696,51	2137,41	36,8	3670,58
58,0	5915,21	1485,40	708,14	2193,54	37,1	3721,67
59,0	6022,43	1529,90	719,77	2249,67	37,4	3772,76
60,0	6129,65	1574,40	731,41	2305,81	37,6	3823,85
61,0	6236,88	1618,90	743,04	2361,94	37,9	3874,93
62,0	6344,10	1663,30	754,67	2417,97	38,1	3926,12
63,0	6451,32	1710,60	755,32	2465,92	38,2	3985,40
64,0	6558,54	1758,20	755,32	2513,52	38,3	4045,03
65,0	6665,76	1805,70	755,32	2561,02	38,4	4104,75
66,0	6772,98	1853,20	755,32	2608,52	38,5	4164,47
67,0	6880,21	1900,70	755,32	2656,02	38,6	4224,19
68,0	6987,43	1948,20	755,32	2703,52	38,7	4283,91
69,0	7094,65	1995,70	755,32	2751,02	38,8	4343,63
70,0	7201,87	2043,20	755,32	2798,52	38,9	4403,36

Überstd.-Verg.: (BAT IVa) TVöD E.-Gr.11 25,52 €

Std.	Brutto	Steuern	Sozial-vers.	Summe €	Abzüge %	Netto
40,0	4124,62	787,90	856,89	1644,79	39,9	2479,83
41,0	4235,58	823,50	879,94	1703,44	40,2	2532,14
42,0	4346,54	859,60	902,99	1762,59	40,6	2583,95
43,0	4457,50	900,30	549,98	1450,28	32,5	3007,22
44,0	4568,46	941,70	562,02	1503,72	32,9	3064,74
45,0	4679,42	983,80	574,06	1557,86	33,3	3121,56
46,0	4790,38	1026,50	586,10	1612,60	33,7	3177,79
47,0	4901,34	1069,70	598,14	1667,84	34,0	3233,51
48,0	5012,31	1113,50	610,18	1723,68	34,4	3288,63
49,0	5123,27	1158,00	622,21	1780,21	34,7	3343,05
50,0	5234,23	1203,10	634,25	1837,35	35,1	3396,87
51,0	5345,19	1248,90	646,29	1895,19	35,5	3450,00
52,0	5456,15	1294,90	658,33	1953,23	35,8	3502,92
53,0	5567,11	1340,90	670,37	2011,27	36,1	3555,84
54,0	5678,07	1386,90	682,41	2069,31	36,4	3608,76
55,0	5789,03	1433,00	694,45	2127,45	36,7	3661,58
56,0	5899,99	1479,00	706,49	2185,49	37,0	3714,50
57,0	6010,95	1525,10	718,53	2243,63	37,3	3767,33
58,0	6121,92	1571,10	730,57	2301,67	37,6	3820,25
59,0	6232,88	1617,20	742,61	2359,81	37,9	3873,07
60,0	6343,84	1663,20	754,65	2417,85	38,1	3925,99
61,0	6454,80	1712,20	755,32	2467,52	38,2	3987,28
62,0	6565,76	1761,40	755,32	2516,72	38,3	4049,04
63,0	6676,72	1810,50	755,32	2565,81	38,4	4110,90
64,0	6787,68	1859,70	755,32	2615,02	38,5	4172,67
65,0	6898,64	1908,90	755,32	2664,22	38,6	4234,43
66,0	7009,60	1958,00	755,32	2713,31	38,7	4296,29
67,0	7120,56	2007,20	755,32	2762,52	38,8	4358,05
68,0	7231,52	2056,40	755,32	2811,71	38,9	4419,81
69,0	7342,49	2105,50	755,32	2860,81	39,0	4481,67
70,0	7453,45	2154,70	755,32	2910,02	39,0	4543,43

Tabelle 2.1

Monatsentgelte in €*) bei Wochenarbeitszeiten von 1–70 Stunden in den Entgeltgruppen 1 bis 11 des TVöD/Bund/Ost

Ledige (Grundtabelle)　　　　　　　　　　Einkommensteuertarif ab 2017 (unter Einschluss des Solidaritätszuschlages [5,5 %])

Entgelte ab 1.3.2016 bis 31.1.2017　　　　Sozialversicherung einschließlich Pflegeversicherung ab 1.1.2017

*) Monatsentgelt:
　Arbeitszeit in Std./Woche x 4,348 x Stundenentgelt einschließlich anteilige Jahressonderzahlung.

　Brutto:
　Ohne Arbeitgeberanteil zur Sozialversicherung.

　Steuer:
　Berechnung nach dem Einkommensteuertarif 2017 unter Berücksichtigung der Vorsorgepauschale ab 2010, in: BGBl., T. I, Nr. 57 v. 22.11.2010, S. 1544 ff. Vgl. Gesetz zur verbesserten steuerlichen Berücksichtigung von Vorsorgeaufwendungen (Bürgerentlastungsgesetz Krankenversicherung), in: BGBl., T. I, Nr. 43 v. 22.7.2009, S. 1959 ff. – Steuervereinfachungsgesetz 2011, in: BGBl., T. I, Nr. 55 v. 4.11.2011, S. 2131 ff. Vgl. Gesetz zum Abbau der kalten Progression, in: BGBl., T. I, Nr. 9 v. 25.2.2013, S. 283 ff. – Steueränderungsgesetz (StÄndG) 2015, in: BGBl., T. I, Nr. 43 v. 5.11.2015, S. 1834 ff. Gesetz zur Umsetzung der Änderungen der EU-Amtshilferichtlinie und von weiteren Maßnahmen gegen Gewinnkürzungen und -verlagerungen, in: BGBl., T. I, Nr. 63 v. 23.12.2016, S. 3000 ff.

　Sozialversicherung:
　Ab 1.1.2015 ist der allgemeine Beitragssatz für die Gesetzliche Krankenversicherung mit 14,6 % festgeschrieben, Arbeitnehmer und Arbeitgeber je 7,3 %. Vgl. Gesetz zur Weiterentwicklung der Finanzstruktur und der Qualität in der Gesetzlichen Krankenversicherung (GKV-FQWG), in: BGBl., T. I, Nr. 33 vom 24.7.2014, S. 1133 ff.
　Benötigen die Kassen mehr Geld, können sie Zusatzbeiträge erheben, mit denen nur die Arbeitnehmer belastet werden. Da die Zusatzbeiträge bei den einzelnen Krankenkassen unterschiedlich hoch sein können, wird bei den nachfolgenden Tabellen ein durchschnittlicher Zusatzbeitragssatz von 1,1 % einbezogen. Vgl. Bundesministerium für Gesundheit, Bekanntmachung des durchschnittlichen Zusatzbeitragssatzes für das Jahr 2017, veröffentlicht im Bundesanzeiger vom 27.10.2016 (Banz AT 27.10.2016 B5).
　Bei einem Arbeitsentgelt bis 450,00 €/Monat besteht für den Arbeitnehmer Versicherungsfreiheit. Mehrere geringfügige Beschäftigungen sind zusammenzurechnen. Vgl. Gesetz zur Neuregelung der geringfügigen Beschäftigungsverhältnisse, in: BGBl., T. I., Nr. 14 v. 29.3.1999, S. 388 ff.
　Bei Entgelten über 4350,00 € wurde der Krankenversicherungsbeitrag – wegen Überschreitung der Versicherungspflichtgrenze – nicht in Abzug gebracht. Für die Pflegeversicherung wurde der Höchstsatz eingerechnet. Die Beitragsbemessungsgrenze in der Renten- und Arbeitslosenversicherung beträgt in den neuen Bundesländern 5700,00 €/Monat.
　(Zu den Beitragssätzen vgl. Tabelle 3a, Fußnote 3)
　Altersrentner sind frei in der Rentenversicherung. Es fällt lediglich der Arbeitgeberanteil an. Nach Vollendung des 65. Lebensjahres entfällt die Arbeitslosenversicherung. Ebenso sind Erwerbsunfähigkeitsrentner frei in der Arbeitslosenversicherung. Beiträge zur Pflegeversicherung tragen Rentner in voller Höhe.

noch Tabelle 2.1

	Std.-Entgelt: (BAT X) TVöD E.-Gr.1 10,26 €						Std.-Entgelt: (BAT IXb/a) TVöD E.-Gr.2 12,76 €					
Std.	Brutto	Steuern	Sozial-vers.	Summe Abzüge €	Summe Abzüge %	Netto	Brutto	Steuern	Sozial-vers.	Summe Abzüge €	Summe Abzüge %	Netto
1,0	47,45	,00	,00	,00	,0	47,45	59,02	,00	,00	,00	,0	59,02
2,0	94,91	,00	,00	,00	,0	94,91	118,03	,00	,00	,00	,0	118,03
3,0	142,36	,00	,00	,00	,0	142,36	177,05	,00	,00	,00	,0	177,05
4,0	189,82	,00	,00	,00	,0	189,82	236,07	,00	,00	,00	,0	236,07
5,0	237,27	,00	,00	,00	,0	237,27	295,09	,00	,00	,00	,0	295,09
6,0	284,73	,00	,00	,00	,0	284,73	354,10	,00	,00	,00	,0	354,10
7,0	332,18	,00	,00	,00	,0	332,18	413,12	,00	,00	,00	,0	413,12
8,0	379,64	,00	,00	,00	,0	379,64	472,14	,00	98,09	98,09	20,8	374,05
9,0	427,09	,00	,00	,00	,0	427,09	531,16	,00	110,35	110,35	20,8	420,81
10,0	474,54	,00	98,59	98,59	20,8	375,96	590,17	,00	122,61	122,61	20,8	467,57
11,0	522,00	,00	108,45	108,45	20,8	413,55	649,19	,00	134,87	134,87	20,8	514,32
12,0	569,45	,00	118,30	118,30	20,8	451,15	708,21	,00	147,13	147,13	20,8	561,08
13,0	616,91	,00	128,16	128,16	20,8	488,74	767,23	,00	159,39	159,39	20,8	607,83
14,0	664,36	,00	138,02	138,02	20,8	526,34	826,24	,00	171,65	171,65	20,8	654,59
15,0	711,82	,00	147,88	147,88	20,8	563,94	885,26	,00	183,91	183,91	20,8	701,35
16,0	759,27	,00	157,74	157,74	20,8	601,53	944,28	,00	196,17	196,17	20,8	748,10
17,0	806,72	,00	167,60	167,60	20,8	639,13	1003,30	,00	208,43	208,43	20,8	794,86
18,0	854,18	,00	177,46	177,46	20,8	676,72	1062,31	6,60	220,70	227,30	21,4	835,02
19,0	901,63	,00	187,31	187,31	20,8	714,32	1121,33	14,10	232,96	247,06	22,0	874,27
20,0	949,09	,00	197,17	197,17	20,8	751,91	1180,35	22,30	245,22	267,52	22,7	912,83
21,0	996,54	,00	207,03	207,03	20,8	789,51	1239,36	31,00	257,48	288,48	23,3	950,89
22,0	1044,00	4,40	216,89	221,29	21,2	822,71	1298,38	40,20	269,74	309,94	23,9	988,44
23,0	1091,45	10,30	226,75	237,05	21,7	854,40	1357,40	50,90	282,00	332,90	24,5	1024,50
24,0	1138,91	16,50	236,61	253,11	22,2	885,80	1416,42	63,00	294,26	357,26	25,2	1059,16
25,0	1186,36	23,10	246,47	269,57	22,7	916,79	1475,43	75,70	306,52	382,22	25,9	1093,21
26,0	1233,81	30,10	256,32	286,42	23,2	947,39	1534,45	90,50	318,78	409,28	26,7	1125,17
27,0	1281,27	37,50	266,18	303,68	23,7	977,59	1593,47	106,60	331,04	437,64	27,5	1155,83
28,0	1328,72	45,40	276,04	321,44	24,2	1007,28	1652,49	122,30	343,30	465,60	28,2	1186,88
29,0	1376,18	54,70	285,90	340,60	24,7	1035,58	1711,50	135,30	355,56	490,86	28,7	1220,64
30,0	1423,63	64,50	295,76	360,26	25,3	1063,37	1770,52	148,50	367,83	516,33	29,2	1254,20
31,0	1471,09	74,70	305,62	380,32	25,9	1090,77	1829,54	161,90	380,09	541,99	29,6	1287,55
32,0	1518,54	86,20	315,48	401,68	26,5	1116,86	1888,56	175,30	392,35	567,65	30,1	1320,91
33,0	1566,00	99,20	325,34	424,54	27,1	1141,46	1947,57	188,90	404,61	593,51	30,5	1354,06
34,0	1613,45	112,30	335,19	447,49	27,7	1165,96	2006,59	202,60	416,87	619,47	30,9	1387,12
35,0	1660,90	124,10	345,05	469,15	28,2	1191,75	2065,61	216,50	429,13	645,63	31,3	1419,98
36,0	1708,36	134,60	354,91	489,51	28,7	1218,85	2124,63	230,50	441,39	671,89	31,6	1452,73
37,0	1755,81	145,20	364,77	509,97	29,0	1245,84	2183,64	244,70	453,65	698,35	32,0	1485,29
38,0	1803,27	155,90	374,63	530,53	29,4	1272,74	2242,66	259,00	465,91	724,91	32,3	1517,75
39,0	1850,72	166,60	384,49	551,09	29,8	1299,63	2301,68	273,50	478,17	751,67	32,7	1550,00
40,0	1898,18	177,50	394,35	571,85	30,1	1326,33	2360,69	288,00	490,43	778,43	33,0	1582,26
41,0	1945,63	188,40	404,20	592,60	30,5	1353,03	2419,71	302,70	502,70	805,40	33,3	1614,32
42,0	1993,08	199,40	414,06	613,46	30,8	1379,62	2478,73	317,50	514,96	832,46	33,6	1646,27
43,0	2040,54	210,60	423,92	634,52	31,1	1406,02	2537,75	332,50	527,22	859,72	33,9	1678,03
44,0	2087,99	221,80	433,78	655,58	31,4	1432,41	2596,76	347,70	539,48	887,18	34,2	1709,59
45,0	2135,45	233,10	443,64	676,74	31,7	1458,71	2655,78	362,90	551,74	914,64	34,4	1741,14
46,0	2182,90	244,50	453,50	698,00	32,0	1484,90	2714,80	378,40	564,00	942,40	34,7	1772,40
47,0	2230,36	256,00	463,36	719,36	32,3	1511,00	2773,82	393,90	576,26	970,16	35,0	1803,66
48,0	2277,81	267,50	473,22	740,72	32,5	1537,10	2832,83	409,60	588,52	998,12	35,2	1834,71
49,0	2325,27	279,20	483,07	762,27	32,8	1562,99	2891,85	425,50	600,78	1026,28	35,5	1865,57
50,0	2372,72	291,00	492,93	783,93	33,0	1588,79	2950,87	441,40	613,04	1054,44	35,7	1896,43
51,0	2420,17	302,80	502,79	805,59	33,3	1614,58	3009,89	457,50	625,30	1082,80	36,0	1927,08
52,0	2467,63	314,80	512,65	827,45	33,5	1640,18	3068,90	473,80	637,56	1111,36	36,2	1957,54
53,0	2515,08	326,80	522,51	849,31	33,8	1665,77	3127,92	490,10	649,83	1139,93	36,4	1987,99
54,0	2562,54	338,90	532,37	871,27	34,0	1691,27	3186,94	506,70	662,09	1168,79	36,7	2018,15
55,0	2609,99	351,10	542,23	893,33	34,2	1716,67	3245,96	523,30	674,35	1197,65	36,9	2048,31
56,0	2657,45	363,40	552,08	915,48	34,4	1741,96	3304,97	540,10	686,61	1226,71	37,1	2078,26
57,0	2704,90	375,80	561,94	937,74	34,7	1767,16	3363,99	557,00	698,87	1255,87	37,3	2108,12
58,0	2752,36	388,30	571,80	960,10	34,9	1792,25	3423,01	574,10	711,13	1285,23	37,5	2137,78
59,0	2799,81	400,80	581,66	982,46	35,1	1817,35	3482,02	591,40	723,39	1314,79	37,8	2167,23
60,0	2847,26	413,50	591,52	1005,02	35,3	1842,25	3541,04	608,70	735,65	1344,35	38,0	2196,69
61,0	2894,72	426,20	601,38	1027,58	35,5	1867,14	3600,06	626,20	747,91	1374,11	38,2	2225,95
62,0	2942,17	439,00	611,24	1050,24	35,7	1891,94	3659,08	643,90	760,17	1404,07	38,4	2255,00
63,0	2989,63	452,00	621,10	1073,09	35,9	1916,53	3718,09	661,60	772,43	1434,03	38,6	2284,06
64,0	3037,08	465,00	630,95	1095,95	36,1	1941,13	3777,11	679,50	784,69	1464,19	38,8	2312,92
65,0	3084,54	478,10	640,81	1118,91	36,3	1965,62	3836,13	697,60	796,96	1494,56	39,0	2341,57
66,0	3131,99	491,30	650,67	1141,97	36,5	1990,02	3895,15	715,90	809,22	1525,12	39,2	2370,03
67,0	3179,44	504,50	660,53	1165,03	36,6	2014,42	3954,16	734,20	821,48	1555,68	39,3	2398,49
68,0	3226,90	518,00	670,39	1188,39	36,8	2038,51	4013,18	752,70	833,74	1586,44	39,5	2426,74
69,0	3274,35	531,50	680,25	1211,75	37,0	2062,61	4072,20	771,30	846,00	1617,30	39,7	2454,90
70,0	3321,81	545,00	690,11	1235,11	37,2	2086,70	4131,22	790,00	858,26	1648,26	39,9	2482,96

noch Tabelle 2.1

	Std.-Entgelt:	(BAT VIII)	TVöD E.-Gr.3	13,76 €			Std.-Entgelt:	(BAT VII)	TVöD E.-Gr.5	14,97 €		
Std.	Brutto	Steuern	Sozial-vers.	Summe €	Abzüge %	Netto	Brutto	Steuern	Sozial-vers.	Summe €	Abzüge %	Netto
1,0	63,64	,00	,00	,00	,0	63,64	69,24	,00	,00	,00	,0	69,24
2,0	127,29	,00	,00	,00	,0	127,29	138,48	,00	,00	,00	,0	138,48
3,0	190,93	,00	,00	,00	,0	190,93	207,72	,00	,00	,00	,0	207,72
4,0	254,57	,00	,00	,00	,0	254,57	276,96	,00	,00	,00	,0	276,96
5,0	318,21	,00	,00	,00	,0	318,21	346,20	,00	,00	,00	,0	346,20
6,0	381,86	,00	,00	,00	,0	381,86	415,43	,00	,00	,00	,0	415,43
7,0	445,50	,00	,00	,00	,0	445,50	484,67	,00	100,69	100,69	20,8	383,98
8,0	509,14	,00	105,77	105,77	20,8	403,37	553,91	,00	115,08	115,08	20,8	438,84
9,0	572,78	,00	119,00	119,00	20,8	453,79	623,15	,00	129,46	129,46	20,8	493,69
10,0	636,43	,00	132,22	132,22	20,8	504,21	692,39	,00	143,84	143,84	20,8	548,55
11,0	700,07	,00	145,44	145,44	20,8	554,63	761,63	,00	158,23	158,23	20,8	603,40
12,0	763,71	,00	158,66	158,66	20,8	605,05	830,87	,00	172,61	172,61	20,8	658,26
13,0	827,35	,00	171,88	171,88	20,8	655,47	900,11	,00	187,00	187,00	20,8	713,11
14,0	891,00	,00	185,10	185,10	20,8	705,89	969,35	,00	201,38	201,38	20,8	767,96
15,0	954,64	,00	198,33	198,33	20,8	756,31	1038,59	3,70	215,77	219,47	21,1	819,12
16,0	1018,28	1,30	211,55	212,85	20,9	805,43	1107,82	12,40	230,15	242,55	21,9	865,27
17,0	1081,92	9,00	224,77	233,77	21,6	848,15	1177,06	21,80	244,53	266,33	22,6	910,73
18,0	1145,57	17,50	237,99	255,49	22,3	890,07	1246,30	32,00	258,92	290,92	23,3	955,38
19,0	1209,21	26,50	251,21	277,71	23,0	931,50	1315,54	43,00	273,30	316,30	24,0	999,24
20,0	1272,85	36,10	264,43	300,53	23,6	972,32	1384,78	56,50	287,69	344,19	24,9	1040,59
21,0	1336,49	46,90	277,66	324,56	24,3	1011,94	1454,02	71,00	302,07	373,07	25,7	1080,95
22,0	1400,14	59,60	290,88	350,48	25,0	1049,66	1523,26	87,40	316,46	403,86	26,5	1119,40
23,0	1463,78	73,10	304,10	377,20	25,8	1086,58	1592,50	106,40	330,84	437,24	27,5	1155,26
24,0	1527,42	88,70	317,32	406,02	26,6	1121,40	1661,74	124,30	345,23	469,53	28,3	1192,21
25,0	1591,06	106,10	330,54	436,64	27,4	1154,42	1730,98	139,60	359,61	499,21	28,8	1231,77
26,0	1654,71	122,80	343,77	466,57	28,2	1188,14	1800,21	155,20	373,99	529,19	29,4	1271,02
27,0	1718,35	136,90	356,99	493,89	28,7	1224,46	1869,45	170,90	388,38	559,28	29,9	1310,17
28,0	1781,99	151,10	370,21	521,31	29,3	1260,68	1938,69	186,80	402,76	589,56	30,4	1349,13
29,0	1845,63	165,40	383,43	548,83	29,7	1296,80	2007,93	202,90	417,15	620,05	30,9	1387,88
30,0	1909,28	180,00	396,65	576,65	30,2	1332,62	2077,17	219,30	431,53	650,83	31,3	1426,34
31,0	1972,92	194,80	409,87	604,67	30,6	1368,25	2146,41	235,70	445,92	681,62	31,8	1464,79
32,0	2036,56	209,60	423,10	632,70	31,1	1403,87	2215,65	252,50	460,30	712,80	32,2	1502,85
33,0	2100,20	224,70	436,32	661,02	31,5	1439,19	2284,89	269,30	474,69	743,99	32,6	1540,90
34,0	2163,85	239,90	449,54	689,44	31,9	1474,41	2354,13	286,40	489,07	775,47	32,9	1578,66
35,0	2227,49	255,30	462,76	718,06	32,2	1509,43	2423,37	303,60	503,45	807,05	33,3	1616,31
36,0	2291,13	270,90	475,98	746,88	32,6	1544,25	2492,60	321,00	517,84	838,84	33,7	1653,77
37,0	2354,77	286,50	489,20	775,70	32,9	1579,07	2561,84	338,70	532,22	870,92	34,0	1690,92
38,0	2418,42	302,40	502,43	804,83	33,3	1613,59	2631,08	356,50	546,61	903,11	34,3	1727,98
39,0	2482,06	318,40	515,65	834,05	33,6	1648,01	2700,32	374,50	560,99	935,49	34,6	1764,83
40,0	2545,70	334,50	528,87	863,37	33,9	1682,33	2769,56	392,80	575,38	968,18	35,0	1801,38
41,0	2609,34	350,90	542,09	892,99	34,2	1716,35	2838,80	411,20	589,76	1000,96	35,3	1837,84
42,0	2672,99	367,40	555,31	922,71	34,5	1750,27	2908,04	429,80	604,15	1033,95	35,6	1874,09
43,0	2736,63	384,10	568,53	952,63	34,8	1783,99	2977,28	448,60	618,53	1067,13	35,8	1910,15
44,0	2800,27	400,90	581,76	982,66	35,1	1817,62	3046,52	467,60	632,91	1100,51	36,1	1946,00
45,0	2863,91	418,00	594,98	1012,98	35,4	1850,94	3115,76	486,80	647,30	1134,10	36,4	1981,66
46,0	2927,56	435,00	608,20	1043,20	35,6	1884,36	3185,00	506,10	661,68	1167,78	36,7	2017,21
47,0	2991,20	452,40	621,42	1073,82	35,9	1917,38	3254,23	525,70	676,07	1201,77	36,9	2052,47
48,0	3054,84	469,90	634,64	1104,54	36,2	1950,30	3323,47	545,50	690,45	1235,95	37,2	2087,52
49,0	3118,48	487,50	647,87	1135,37	36,4	1983,12	3392,71	565,40	704,84	1270,24	37,4	2122,48
50,0	3182,13	505,30	661,09	1166,39	36,7	2015,74	3461,95	585,50	719,22	1304,72	37,7	2157,23
51,0	3245,77	523,30	674,31	1197,61	36,9	2048,16	3531,19	605,90	733,60	1339,50	37,9	2191,69
52,0	3309,41	541,40	687,53	1228,93	37,1	2080,48	3600,43	626,40	747,99	1374,39	38,2	2226,04
53,0	3373,06	559,70	700,75	1260,45	37,4	2112,60	3669,67	647,00	762,37	1409,37	38,4	2260,29
54,0	3436,70	578,10	713,97	1292,07	37,6	2144,62	3738,91	667,90	776,76	1444,66	38,6	2294,25
55,0	3500,34	596,80	727,20	1324,00	37,8	2176,34	3808,15	689,00	791,14	1480,14	38,9	2328,00
56,0	3563,98	615,50	740,42	1355,92	38,0	2208,07	3877,39	710,40	805,53	1515,93	39,1	2361,46
57,0	3627,63	634,40	753,64	1388,04	38,3	2239,59	3946,62	731,90	819,91	1551,81	39,3	2394,81
58,0	3691,27	653,50	766,86	1420,36	38,5	2270,91	4015,86	753,50	834,30	1587,80	39,5	2428,07
59,0	3754,91	672,90	780,08	1452,98	38,7	2301,93	4085,10	775,40	848,68	1624,08	39,8	2461,02
60,0	3818,55	692,20	793,30	1485,50	38,9	2333,05	4154,34	797,40	863,06	1660,46	40,0	2493,88
61,0	3882,20	711,90	806,53	1518,43	39,1	2363,77	4223,58	819,60	877,45	1697,05	40,2	2526,53
62,0	3945,84	731,60	819,75	1551,35	39,3	2394,49	4292,82	842,10	891,83	1733,93	40,4	2558,89
63,0	4009,48	751,40	832,97	1584,37	39,5	2425,11	4362,06	865,20	539,62	1404,82	32,2	2957,24
64,0	4073,12	771,50	846,19	1617,69	39,7	2455,43	4431,30	890,60	547,14	1437,74	32,4	2993,56
65,0	4136,77	791,80	859,41	1651,21	39,9	2485,55	4500,54	916,30	554,65	1470,95	32,7	3029,59
66,0	4200,41	812,20	872,63	1684,83	40,1	2515,57	4569,78	942,20	562,16	1504,36	32,9	3065,41
67,0	4264,05	832,80	885,86	1718,66	40,3	2545,39	4639,01	968,40	569,67	1538,07	33,2	3100,94
68,0	4327,69	853,50	899,08	1752,58	40,5	2575,11	4708,25	994,80	577,19	1571,99	33,4	3136,27
69,0	4391,34	875,90	542,80	1418,70	32,3	2972,64	4777,49	1021,50	584,70	1606,20	33,6	3171,29
70,0	4454,98	899,40	549,71	1449,11	32,5	3005,87	4846,73	1048,30	592,21	1640,51	33,8	3206,22

noch Tabelle 2.1

	Std.-Entgelt: (BAT VIa/b) TVöD E.-Gr.6 15,61 €						Std.-Entgelt: (BAT VC) TVöD E.-Gr.8 16,90 €					
			Sozial-	Summe Abzüge					Sozial-	Summe Abzüge		
Std.	Brutto	Steuern	vers.	€	%	Netto	Brutto	Steuern	vers.	€	%	Netto
1,0	72,20	,00	,00	,00	,0	72,20	78,17	,00	,00	,00	,0	78,17
2,0	144,40	,00	,00	,00	,0	144,40	156,33	,00	,00	,00	,0	156,33
3,0	216,60	,00	,00	,00	,0	216,60	234,50	,00	,00	,00	,0	234,50
4,0	288,80	,00	,00	,00	,0	288,80	312,66	,00	,00	,00	,0	312,66
5,0	361,00	,00	,00	,00	,0	361,00	390,83	,00	,00	,00	,0	390,83
6,0	433,19	,00	,00	,00	,0	433,19	468,99	,00	97,43	97,43	20,8	371,56
7,0	505,39	,00	105,00	105,00	20,8	400,40	547,16	,00	113,67	113,67	20,8	433,49
8,0	577,59	,00	119,99	119,99	20,8	457,60	625,33	,00	129,91	129,91	20,8	495,41
9,0	649,79	,00	134,99	134,99	20,8	514,80	703,49	,00	146,15	146,15	20,8	557,34
10,0	721,99	,00	149,99	149,99	20,8	572,00	781,66	,00	162,39	162,39	20,8	619,27
11,0	794,19	,00	164,99	164,99	20,8	629,20	859,82	,00	178,63	178,63	20,8	681,19
12,0	866,39	,00	179,99	179,99	20,8	686,40	937,99	,00	194,87	194,87	20,8	743,12
13,0	938,59	,00	194,99	194,99	20,8	743,60	1016,15	1,00	211,11	212,11	20,9	804,05
14,0	1010,79	,50	209,99	210,49	20,8	800,30	1094,32	10,60	227,34	237,94	21,7	856,37
15,0	1082,99	9,20	224,99	234,19	21,6	848,80	1172,48	21,10	243,58	264,68	22,6	907,80
16,0	1155,19	18,80	239,99	258,79	22,4	896,40	1250,65	32,70	259,82	292,52	23,4	958,13
17,0	1227,39	29,10	254,99	284,09	23,1	943,30	1328,82	45,40	276,06	321,46	24,2	1007,35
18,0	1299,58	40,40	269,99	310,39	23,9	989,20	1406,98	61,00	292,30	353,30	25,1	1053,68
19,0	1371,78	53,80	284,99	338,79	24,7	1033,00	1485,15	77,90	308,54	386,44	26,0	1098,71
20,0	1443,98	68,90	299,99	368,89	25,5	1075,10	1563,31	98,40	324,78	423,18	27,1	1140,13
21,0	1516,18	85,50	314,99	400,49	26,4	1115,70	1641,48	119,80	341,02	460,82	28,1	1180,66
22,0	1588,38	105,30	329,99	435,29	27,4	1153,09	1719,64	137,10	357,26	494,36	28,7	1225,29
23,0	1660,58	124,00	344,99	468,99	28,2	1191,59	1797,81	154,60	373,49	528,09	29,4	1269,71
24,0	1732,78	140,00	359,98	499,98	28,9	1232,79	1875,98	172,40	389,73	562,13	30,0	1313,84
25,0	1804,98	156,30	374,98	531,28	29,4	1273,69	1954,14	190,40	405,97	596,37	30,5	1357,77
26,0	1877,18	172,70	389,98	562,68	30,0	1314,49	2032,31	208,60	422,21	630,81	31,0	1401,49
27,0	1949,38	189,30	404,98	594,28	30,5	1355,09	2110,47	227,10	438,45	665,55	31,5	1444,92
28,0	2021,58	206,10	419,98	626,08	31,0	1395,49	2188,64	245,90	454,69	700,59	32,0	1488,05
29,0	2093,78	223,20	434,98	658,18	31,4	1435,59	2266,80	264,90	470,93	735,83	32,5	1530,97
30,0	2165,97	240,50	449,98	690,48	31,9	1475,49	2344,97	284,10	487,17	771,27	32,9	1573,70
31,0	2238,17	257,90	464,98	722,88	32,3	1515,29	2423,13	303,50	503,41	806,91	33,3	1616,23
32,0	2310,37	275,50	479,98	755,48	32,7	1554,89	2501,30	323,30	519,65	842,95	33,7	1658,35
33,0	2382,57	293,50	494,98	788,48	33,1	1594,09	2579,47	343,20	535,88	879,08	34,1	1700,38
34,0	2454,77	311,50	509,98	821,48	33,5	1633,29	2657,63	363,40	552,12	915,52	34,4	1742,11
35,0	2526,97	329,80	524,98	854,78	33,8	1672,19	2735,80	383,90	568,36	952,26	34,8	1783,54
36,0	2599,17	348,30	539,98	888,28	34,2	1710,89	2813,96	404,50	584,60	989,10	35,1	1824,86
37,0	2671,37	367,00	554,98	921,98	34,5	1749,39	2892,13	425,50	600,84	1026,34	35,5	1865,79
38,0	2743,57	385,90	569,98	955,88	34,8	1787,69	2970,29	446,70	617,08	1063,78	35,8	1906,52
39,0	2815,77	405,00	584,98	989,98	35,2	1825,79	3048,46	468,10	633,32	1101,42	36,1	1947,04
40,0	2887,97	424,40	599,97	1024,37	35,5	1863,59	3126,63	489,80	649,56	1139,36	36,4	1987,27
41,0	2960,16	444,00	614,97	1058,97	35,8	1901,19	3204,79	511,70	665,80	1177,50	36,7	2027,30
42,0	3032,36	463,70	629,97	1093,67	36,1	1938,69	3282,96	533,90	682,03	1215,93	37,0	2067,02
43,0	3104,56	483,60	644,97	1128,57	36,4	1975,99	3361,12	556,20	698,27	1254,47	37,3	2106,65
44,0	3176,76	503,80	659,97	1163,77	36,6	2012,99	3439,29	579,00	714,51	1293,51	37,6	2145,78
45,0	3248,96	524,20	674,97	1199,17	36,9	2049,79	3517,45	601,80	730,75	1332,55	37,9	2184,90
46,0	3321,16	544,80	689,97	1234,77	37,2	2086,39	3595,62	624,90	746,99	1371,89	38,2	2223,73
47,0	3393,36	565,50	704,97	1270,47	37,4	2122,89	3673,78	648,30	763,23	1411,53	38,4	2262,26
48,0	3465,56	586,50	719,97	1306,47	37,7	2159,09	3751,95	671,90	779,47	1451,37	38,7	2300,58
49,0	3537,76	607,80	734,97	1342,77	38,0	2194,99	3830,12	695,80	795,71	1491,51	38,9	2338,61
50,0	3609,96	629,20	749,97	1379,17	38,2	2230,79	3908,28	719,90	811,95	1531,85	39,2	2376,44
51,0	3682,16	650,80	764,97	1415,77	38,4	2266,39	3986,45	744,30	828,18	1572,48	39,4	2413,96
52,0	3754,36	672,60	779,97	1452,57	38,7	2301,79	4064,61	768,90	844,42	1613,32	39,7	2451,29
53,0	3826,55	694,70	794,97	1489,67	38,9	2336,89	4142,78	793,70	860,66	1654,36	39,9	2488,42
54,0	3898,75	716,90	809,97	1526,87	39,2	2371,89	4220,94	818,80	876,90	1695,70	40,2	2525,24
55,0	3970,95	739,40	824,97	1564,37	39,4	2406,59	4299,11	844,10	893,14	1737,24	40,4	2561,87
56,0	4043,15	762,10	839,96	1602,06	39,6	2441,09	4377,28	870,80	541,27	1412,07	32,3	2965,20
57,0	4115,35	784,90	854,96	1639,86	39,8	2475,49	4455,44	899,50	549,76	1449,26	32,5	3006,19
58,0	4187,55	808,00	869,96	1677,96	40,1	2509,59	4533,61	928,70	558,24	1486,94	32,8	3046,67
59,0	4259,75	831,40	884,96	1716,36	40,3	2543,39	4611,77	958,10	566,72	1524,82	33,1	3086,95
60,0	4331,95	854,90	899,96	1754,86	40,5	2577,09	4689,94	987,80	575,20	1563,00	33,3	3126,94
61,0	4404,15	880,60	544,19	1424,79	32,4	2979,36	4768,10	1017,90	583,68	1601,58	33,6	3166,52
62,0	4476,35	907,30	552,02	1459,32	32,6	3017,02	4846,27	1048,10	592,16	1640,26	33,8	3206,01
63,0	4548,55	934,30	559,86	1494,16	32,8	3054,39	4924,43	1078,80	600,64	1679,44	34,1	3244,99
64,0	4620,75	961,50	567,69	1529,19	33,1	3091,55	5002,60	1109,70	609,12	1718,82	34,4	3283,78
65,0	4692,94	989,00	575,52	1564,52	33,3	3128,42	5080,77	1141,00	617,60	1758,60	34,6	3322,16
66,0	4765,14	1016,70	583,36	1600,06	33,6	3165,08	5158,93	1172,50	626,08	1798,58	34,9	3360,35
67,0	4837,34	1044,70	591,19	1635,89	33,8	3201,45	5237,10	1204,40	634,57	1838,97	35,1	3398,13
68,0	4909,54	1073,00	599,03	1672,03	34,1	3237,52	5315,26	1236,40	643,05	1879,45	35,4	3435,82
69,0	4981,74	1101,40	606,86	1708,26	34,3	3273,48	5393,43	1268,90	651,53	1920,43	35,6	3473,00
70,0	5053,94	1130,20	614,69	1744,89	34,5	3309,05	5471,59	1301,30	660,01	1961,31	35,8	3510,29

noch Tabelle 2.1

	Std.-Entgelt: (BAT Vb/a) TVöD E.-Gr.9 18,11 €						Std.-Entgelt: (BAT IVb) TVöD E.-Gr.10 20,95 €					
Std.	Brutto	Steuern	Sozial-vers.	Summe Abzüge €	Summe Abzüge %	Netto	Brutto	Steuern	Sozial-vers.	Summe Abzüge €	Summe Abzüge %	Netto
1,0	83,20	,00	,00	,00	,0	83,20	96,25	,00	,00	,00	,0	96,25
2,0	166,41	,00	,00	,00	,0	166,41	192,50	,00	,00	,00	,0	192,50
3,0	249,61	,00	,00	,00	,0	249,61	288,76	,00	,00	,00	,0	288,76
4,0	332,82	,00	,00	,00	,0	332,82	385,01	,00	,00	,00	,0	385,01
5,0	416,02	,00	,00	,00	,0	416,02	481,26	,00	99,98	99,98	20,8	381,28
6,0	499,23	,00	103,71	103,71	20,8	395,51	577,51	,00	119,98	119,98	20,8	457,54
7,0	582,43	,00	121,00	121,00	20,8	461,43	673,77	,00	139,98	139,98	20,8	533,79
8,0	665,63	,00	138,29	138,29	20,8	527,35	770,02	,00	159,97	159,97	20,8	610,05
9,0	748,84	,00	155,57	155,57	20,8	593,27	866,27	,00	179,97	179,97	20,8	686,30
10,0	832,04	,00	172,86	172,86	20,8	659,19	962,52	,00	199,96	199,96	20,8	762,56
11,0	915,25	,00	190,14	190,14	20,8	725,11	1058,78	6,10	219,96	226,06	21,4	832,72
12,0	998,45	,00	207,43	207,43	20,8	791,02	1155,03	18,70	239,96	258,66	22,4	896,37
13,0	1081,66	9,00	224,71	233,71	21,6	847,94	1251,28	32,80	259,95	292,75	23,4	958,53
14,0	1164,86	20,10	242,00	262,10	22,5	902,76	1347,53	49,00	279,95	328,95	24,4	1018,58
15,0	1248,07	32,30	259,29	291,59	23,4	956,48	1443,79	68,80	299,95	368,75	25,5	1075,04
16,0	1331,27	45,90	276,57	322,47	24,2	1008,80	1540,04	92,10	319,94	412,04	26,8	1128,00
17,0	1414,47	62,50	293,86	356,36	25,2	1058,12	1636,29	118,50	339,94	458,44	28,0	1177,85
18,0	1497,68	80,70	311,14	391,84	26,2	1105,84	1732,54	140,00	359,94	499,94	28,9	1232,61
19,0	1580,88	103,20	328,43	431,63	27,3	1149,25	1828,80	161,60	379,93	541,53	29,6	1287,26
20,0	1664,09	124,90	345,71	470,61	28,3	1193,47	1925,05	183,70	399,93	583,63	30,3	1341,42
21,0	1747,29	143,30	363,00	506,30	29,0	1240,99	2021,30	206,00	419,93	625,93	31,0	1395,38
22,0	1830,50	162,00	380,29	542,29	29,6	1288,21	2117,55	228,90	439,92	668,82	31,6	1448,73
23,0	1913,70	181,10	397,57	578,67	30,2	1335,03	2213,81	252,00	459,92	711,92	32,2	1501,89
24,0	1996,90	200,40	414,86	615,26	30,8	1381,65	2310,06	275,50	479,91	755,41	32,7	1554,64
25,0	2080,11	220,00	432,14	652,14	31,4	1427,97	2406,31	299,40	499,91	799,31	33,2	1607,00
26,0	2163,31	239,80	449,43	689,23	31,9	1474,08	2502,56	323,60	519,91	843,51	33,7	1659,06
27,0	2246,52	260,00	466,71	726,71	32,3	1519,80	2598,82	348,20	539,90	888,10	34,2	1710,71
28,0	2329,72	280,40	484,00	764,40	32,8	1565,32	2695,07	373,20	559,90	933,10	34,6	1761,97
29,0	2412,93	301,00	501,29	802,29	33,2	1610,64	2791,32	398,50	579,90	978,40	35,1	1812,92
30,0	2496,13	321,90	518,57	840,47	33,7	1655,66	2887,57	424,30	599,89	1024,19	35,5	1863,38
31,0	2579,33	343,20	535,86	879,06	34,1	1700,28	2983,82	450,40	619,89	1070,29	35,9	1913,54
32,0	2662,54	364,70	553,14	917,84	34,5	1744,70	3080,08	476,90	639,89	1116,79	36,3	1963,29
33,0	2745,74	386,50	570,43	956,93	34,9	1788,82	3176,33	503,70	659,88	1163,58	36,6	2012,75
34,0	2828,95	408,50	587,71	996,21	35,2	1832,73	3272,58	530,90	679,88	1210,78	37,0	2061,80
35,0	2912,15	431,00	605,00	1036,00	35,6	1876,15	3368,83	558,50	699,88	1258,38	37,4	2110,46
36,0	2995,36	453,50	622,29	1075,79	35,9	1919,57	3465,09	586,50	719,87	1306,37	37,7	2158,72
37,0	3078,56	476,50	639,57	1116,07	36,3	1962,49	3561,34	614,80	739,87	1354,67	38,0	2206,67
38,0	3161,77	499,60	656,86	1156,46	36,6	2005,31	3657,59	643,40	759,86	1403,26	38,4	2254,33
39,0	3244,97	523,00	674,14	1197,14	36,9	2047,83	3753,84	672,50	779,86	1452,36	38,7	2301,48
40,0	3328,17	546,80	691,43	1238,23	37,2	2089,95	3850,10	701,90	799,86	1501,76	39,0	2348,34
41,0	3411,38	570,80	708,71	1279,51	37,5	2131,86	3946,35	731,80	819,85	1551,65	39,3	2394,69
42,0	3494,58	595,00	726,00	1321,00	37,8	2173,58	4042,60	761,90	839,85	1601,75	39,6	2440,85
43,0	3577,79	619,60	743,29	1362,89	38,1	2214,90	4138,85	792,40	859,85	1652,25	39,9	2486,61
44,0	3660,99	644,40	760,57	1404,97	38,4	2256,02	4235,11	823,40	879,84	1703,24	40,2	2531,86
45,0	3744,20	669,60	777,86	1447,46	38,7	2296,74	4331,36	854,60	899,84	1754,44	40,5	2576,92
46,0	3827,40	694,90	795,14	1490,04	38,9	2337,36	4427,61	889,20	546,74	1435,94	32,4	2991,68
47,0	3910,60	720,60	812,43	1533,03	39,2	2377,58	4523,86	925,00	557,18	1482,18	32,8	3041,68
48,0	3993,81	746,50	829,71	1576,21	39,5	2417,60	4620,12	961,30	567,62	1528,92	33,1	3091,19
49,0	4077,01	772,80	847,00	1619,80	39,7	2457,21	4716,37	997,90	578,07	1575,97	33,4	3140,40
50,0	4160,22	799,30	864,29	1663,59	40,0	2496,63	4812,62	1035,00	588,51	1623,51	33,7	3189,11
51,0	4243,42	826,00	881,57	1707,57	40,2	2535,85	4908,87	1072,60	598,95	1671,55	34,1	3237,32
52,0	4326,63	853,10	898,86	1751,96	40,5	2574,67	5005,13	1110,70	609,40	1720,10	34,4	3285,03
53,0	4409,83	882,70	544,81	1427,51	32,4	2982,32	5101,38	1149,20	619,84	1769,04	34,7	3332,34
54,0	4493,04	913,50	553,83	1467,33	32,7	3025,70	5197,63	1188,20	630,28	1818,48	35,0	3379,15
55,0	4576,24	944,70	562,86	1507,56	32,9	3068,68	5293,88	1227,60	640,73	1868,33	35,3	3425,56
56,0	4659,44	976,20	571,89	1548,09	33,2	3111,35	5390,14	1267,40	651,17	1918,57	35,6	3471,57
57,0	4742,65	1008,00	580,92	1588,92	33,5	3153,73	5486,39	1307,40	661,61	1969,01	35,9	3517,37
58,0	4825,85	1040,20	589,95	1630,15	33,8	3195,71	5582,64	1347,40	672,06	2019,46	36,2	3563,18
59,0	4909,06	1072,70	598,97	1671,67	34,1	3237,38	5678,89	1387,30	682,50	2069,80	36,4	3609,09
60,0	4992,26	1105,50	608,00	1713,50	34,3	3278,76	5775,14	1429,40	684,79	2114,19	36,6	3660,95
61,0	5075,47	1138,80	617,03	1755,83	34,6	3319,64	5871,40	1472,00	684,79	2156,79	36,7	3714,61
62,0	5158,67	1172,40	626,06	1798,46	34,9	3360,21	5967,65	1514,70	684,79	2199,49	36,9	3768,16
63,0	5241,87	1206,30	635,08	1841,38	35,1	3400,49	6063,90	1557,30	684,79	2242,09	37,0	3821,81
64,0	5325,08	1240,50	644,11	1884,61	35,4	3440,47	6160,15	1599,90	684,79	2284,69	37,1	3875,46
65,0	5408,28	1275,00	653,14	1928,14	35,7	3480,14	6256,41	1642,60	684,79	2327,39	37,2	3929,02
66,0	5491,49	1309,50	662,17	1971,67	35,9	3519,82	6352,66	1685,30	684,79	2370,09	37,3	3982,57
67,0	5574,69	1344,00	671,19	2015,19	36,1	3559,50	6448,91	1727,90	684,79	2412,69	37,4	4036,22
68,0	5657,90	1378,60	680,22	2058,82	36,4	3599,07	6545,16	1770,50	684,79	2455,29	37,5	4089,87
69,0	5741,10	1414,30	684,79	2099,09	36,6	3642,01	6641,42	1813,20	684,79	2497,99	37,6	4143,43
70,0	5824,30	1451,10	684,79	2135,89	36,7	3688,41	6737,67	1855,90	684,79	2540,69	37,7	4196,98

noch Tabelle 2.1

Std.-Entgelt: (BAT IVa) TVöD E.-Gr.11 21,68 €

Std.	Brutto	Steuern	Sozial-vers.	Summe Abzüge €	Summe Abzüge %	Netto
1,0	99,61	,00	,00	,00	,0	99,61
2,0	199,21	,00	,00	,00	,0	199,21
3,0	298,82	,00	,00	,00	,0	298,82
4,0	398,43	,00	,00	,00	,0	398,43
5,0	498,03	,00	103,47	103,47	20,8	394,57
6,0	597,64	,00	124,16	124,16	20,8	473,48
7,0	697,24	,00	144,85	144,85	20,8	552,39
8,0	796,85	,00	165,55	165,55	20,8	631,30
9,0	896,46	,00	186,24	186,24	20,8	710,22
10,0	996,06	,00	206,93	206,93	20,8	789,13
11,0	1095,67	10,80	227,63	238,43	21,8	857,24
12,0	1195,28	24,40	248,32	272,72	22,8	922,56
13,0	1294,88	39,60	269,01	308,61	23,8	986,27
14,0	1394,49	58,50	289,70	348,20	25,0	1046,28
15,0	1494,09	79,90	310,40	390,30	26,1	1103,80
16,0	1593,70	106,70	331,09	437,79	27,5	1155,91
17,0	1693,31	131,30	351,78	483,08	28,5	1210,22
18,0	1792,91	153,50	372,48	525,98	29,3	1266,94
19,0	1892,52	176,20	393,17	569,37	30,1	1323,15
20,0	1992,13	199,30	413,86	613,16	30,8	1378,96
21,0	2091,73	222,70	434,56	657,26	31,4	1434,47
22,0	2191,34	246,50	455,25	701,75	32,0	1489,59
23,0	2290,95	270,80	475,94	746,74	32,6	1544,20
24,0	2390,55	295,50	496,64	792,14	33,1	1598,41
25,0	2490,16	320,40	517,33	837,73	33,6	1652,43
26,0	2589,76	345,90	538,02	883,92	34,1	1705,84
27,0	2689,37	371,70	558,72	930,42	34,6	1758,95
28,0	2788,98	397,90	579,41	977,31	35,0	1811,67
29,0	2888,58	424,50	600,10	1024,60	35,5	1863,98
30,0	2988,19	451,60	620,80	1072,40	35,9	1915,79
31,0	3087,80	479,00	641,49	1120,49	36,3	1967,31
32,0	3187,40	506,80	662,18	1168,98	36,7	2018,42
33,0	3287,01	535,00	682,88	1217,88	37,1	2069,13
34,0	3386,61	563,60	703,57	1267,17	37,4	2119,45
35,0	3486,22	592,60	724,26	1316,86	37,8	2169,36
36,0	3585,83	622,00	744,96	1366,96	38,1	2218,87
37,0	3685,43	651,80	765,65	1417,45	38,5	2267,98
38,0	3785,04	681,90	786,34	1468,24	38,8	2316,80
39,0	3884,65	712,60	807,04	1519,64	39,1	2365,01
40,0	3984,25	743,60	827,73	1571,33	39,4	2412,92
41,0	4083,86	774,90	848,42	1623,32	39,7	2460,54
42,0	4183,46	806,70	869,11	1675,81	40,1	2507,65
43,0	4283,07	839,00	889,81	1728,81	40,4	2554,26
44,0	4382,68	872,70	541,86	1414,56	32,3	2968,12
45,0	4482,28	909,50	552,67	1462,17	32,6	3020,12
46,0	4581,89	946,80	563,48	1510,28	33,0	3071,61
47,0	4681,50	984,50	574,28	1558,78	33,3	3122,71
48,0	4781,10	1022,90	585,09	1607,99	33,6	3173,11
49,0	4880,71	1061,60	595,90	1657,50	34,0	3223,21
50,0	4980,32	1100,90	606,70	1707,60	34,3	3272,71
51,0	5079,92	1140,60	617,51	1758,11	34,6	3321,81
52,0	5179,53	1180,90	628,32	1809,22	34,9	3370,31
53,0	5279,13	1221,50	639,13	1860,63	35,2	3418,51
54,0	5378,74	1262,80	649,93	1912,73	35,6	3466,01
55,0	5478,35	1304,10	660,74	1964,84	35,9	3513,51
56,0	5577,95	1345,40	671,55	2016,95	36,2	3561,01
57,0	5677,56	1386,80	682,36	2069,16	36,4	3608,40
58,0	5777,17	1430,30	684,79	2115,09	36,6	3662,08
59,0	5876,77	1474,40	684,79	2159,19	36,7	3717,58
60,0	5976,38	1518,50	684,79	2203,29	36,9	3773,09
61,0	6075,98	1562,70	684,79	2247,49	37,0	3828,49
62,0	6175,59	1606,80	684,79	2291,59	37,1	3884,00
63,0	6275,20	1651,00	684,79	2335,79	37,2	3939,41
64,0	6374,80	1695,10	684,79	2379,89	37,3	3994,91
65,0	6474,41	1739,20	684,79	2423,99	37,4	4050,42
66,0	6574,02	1783,40	684,79	2468,19	37,5	4105,83
67,0	6673,62	1827,50	684,79	2512,29	37,6	4161,33
68,0	6773,23	1871,60	684,79	2556,39	37,7	4216,84
69,0	6872,84	1915,70	684,79	2600,49	37,8	4272,35
70,0	6972,44	1959,90	684,79	2644,69	37,9	4327,75

Tabelle 2.2

Monatsentgelte in €*) bei Wochenarbeitszeiten von 1–70 Stunden in den Entgeltgruppen 1 bis 11 des TVöD/Bund/Ost

Ledige (Grundtabelle) Einkommensteuertarif ab 2017 (unter Einschluss des Solidaritätszuschlages [5,5 %])

Entgelte ab 1.2.2017 bis 28.2.2018 Sozialversicherung einschließlich Pflegeversicherung ab 1.1.2017

*) Monatsentgelt:
  Arbeitszeit in Std./Woche x 4,348 x Stundenentgelt einschließlich anteilige Jahressonderzahlung.

  Brutto:
  Ohne Arbeitgeberanteil zur Sozialversicherung.

  Steuer:
  Berechnung nach dem Einkommensteuertarif 2017 unter Berücksichtigung der Vorsorgepauschale ab 2010, in: BGBl., T. I, Nr. 57 v. 22.11.2010, S. 1544 ff. Vgl. Gesetz zur verbesserten steuerlichen Berücksichtigung von Vorsorgeaufwendungen (Bürgerentlastungsgesetz Krankenversicherung), in: BGBl., T. I, Nr. 43 v. 22.7.2009, S. 1959 ff. – Steuervereinfachungsgesetz 2011, in: BGBl., T. I, Nr. 55 v. 4.11.2011, S. 2131 ff. Vgl. Gesetz zum Abbau der kalten Progression, in: BGBl., T. I, Nr. 9 v. 25.2.2013, S. 283 ff. – Steueränderungsgesetz (StÄndG) 2015, in: BGBl., T. I, Nr. 43 v. 5.11.2015, S. 1834 ff. Gesetz zur Umsetzung der Änderungen der EU-Amtshilferichtlinie und von weiteren Maßnahmen gegen Gewinnkürzungen und -verlagerungen, in: BGBl., T. I, Nr. 63 v. 23.12.2016, S. 3000 ff.

  Sozialversicherung:
  Ab 1.1.2015 ist der allgemeine Beitragssatz für die Gesetzliche Krankenversicherung mit 14,6 % festgeschrieben, Arbeitnehmer und Arbeitgeber je 7,3 %. Vgl. Gesetz zur Weiterentwicklung der Finanzstruktur und der Qualität in der Gesetzlichen Krankenversicherung (GKV-FQWG), in: BGBl., T. I, Nr. 33 vom 24.7.2014, S. 1133 ff.
  Benötigen die Kassen mehr Geld, können sie Zusatzbeiträge erheben, mit denen nur die Arbeitnehmer belastet werden. Da die Zusatzbeiträge bei den einzelnen Krankenkassen unterschiedlich hoch sein können, wird bei den nachfolgenden Tabellen ein durchschnittlicher Zusatzbeitragssatz von 1,1 % einbezogen. Vgl. Bundesministerium für Gesundheit, Bekanntmachung des durchschnittlichen Zusatzbeitragssatzes für das Jahr 2017, veröffentlicht im Bundesanzeiger vom 27.10.2016 (Banz AT 27.10.2016 B5).
  Bei einem Arbeitsentgelt bis 450,00 €/Monat besteht für den Arbeitnehmer Versicherungsfreiheit.
  Mehrere geringfügige Beschäftigungen sind zusammenzurechnen. Vgl. Gesetz zur Neuregelung der geringfügigen Beschäftigungsverhältnisse, in: BGBl., T. I., Nr. 14 v. 29.3.1999, S. 388 ff.
  Bei Entgelten über 4350,00 € wurde der Krankenversicherungsbeitrag – wegen Überschreitung der Versicherungspflichtgrenze – nicht in Abzug gebracht. Für die Pflegeversicherung wurde der Höchstsatz eingerechnet. Die Beitragsbemessungsgrenze in der Renten- und Arbeitslosenversicherung beträgt in den neuen Bundesländern 5700,00 €/Monat.
  (Zu den Beitragssätzen vgl. Tabelle 3a, Fußnote 3)
  Altersrentner sind frei in der Rentenversicherung. Es fällt lediglich der Arbeitgeberanteil an. Nach Vollendung des 65. Lebensjahres entfällt die Arbeitslosenversicherung. Ebenso sind Erwerbsunfähigkeitsrentner frei in der Arbeitslosenversicherung. Beiträge zur Pflegeversicherung tragen Rentner in voller Höhe.

noch Tabelle 2.2

	Std.-Entgelt: (BAT X) TVöD E.-Gr.1 10,50 €						Std.-Entgelt: (BAT IXb/a) TVöD E.-Gr.2 13,06 €					
			Sozial-	Summe Abzüge					Sozial-	Summe Abzüge		
Std.	Brutto	Steuern	vers.	€	%	Netto	Brutto	Steuern	vers.	€	%	Netto
1,0	48,56	,00	,00	,00	,0	48,56	60,40	,00	,00	,00	,0	60,40
2,0	97,13	,00	,00	,00	,0	97,13	120,81	,00	,00	,00	,0	120,81
3,0	145,69	,00	,00	,00	,0	145,69	181,21	,00	,00	,00	,0	181,21
4,0	194,26	,00	,00	,00	,0	194,26	241,62	,00	,00	,00	,0	241,62
5,0	242,82	,00	,00	,00	,0	242,82	302,02	,00	,00	,00	,0	302,02
6,0	291,39	,00	,00	,00	,0	291,39	362,43	,00	,00	,00	,0	362,43
7,0	339,95	,00	,00	,00	,0	339,95	422,83	,00	,00	,00	,0	422,83
8,0	388,52	,00	,00	,00	,0	388,52	483,24	,00	100,39	100,39	20,8	382,85
9,0	437,08	,00	,00	,00	,0	437,08	543,64	,00	112,94	112,94	20,8	430,70
10,0	485,64	,00	100,89	100,89	20,8	384,75	604,05	,00	125,49	125,49	20,8	478,56
11,0	534,21	,00	110,98	110,98	20,8	423,23	664,45	,00	138,04	138,04	20,8	526,41
12,0	582,77	,00	121,07	121,07	20,8	461,70	724,86	,00	150,59	150,59	20,8	574,27
13,0	631,34	,00	131,16	131,16	20,8	500,18	785,26	,00	163,14	163,14	20,8	622,13
14,0	679,90	,00	141,25	141,25	20,8	538,65	845,67	,00	175,69	175,69	20,8	669,98
15,0	728,47	,00	151,34	151,34	20,8	577,13	906,07	,00	188,24	188,24	20,8	717,84
16,0	777,03	,00	161,43	161,43	20,8	615,60	966,48	,00	200,79	200,79	20,8	765,69
17,0	825,60	,00	171,52	171,52	20,8	654,08	1026,88	2,30	213,34	215,64	21,0	811,25
18,0	874,16	,00	181,61	181,61	20,8	692,55	1087,29	9,70	225,88	235,58	21,7	851,70
19,0	922,72	,00	191,70	191,70	20,8	731,03	1147,69	17,70	238,43	256,13	22,3	891,56
20,0	971,29	,00	201,79	201,79	20,8	769,50	1208,10	26,30	250,98	277,28	23,0	930,82
21,0	1019,85	1,50	211,87	213,37	20,9	806,48	1268,50	35,50	263,53	299,03	23,6	969,47
22,0	1068,42	7,40	221,96	229,36	21,5	839,05	1328,91	45,40	276,08	321,48	24,2	1007,43
23,0	1116,98	13,60	232,05	245,65	22,0	871,33	1389,31	57,40	288,63	346,03	24,9	1043,28
24,0	1165,55	20,20	242,14	262,34	22,5	903,20	1449,72	70,00	301,18	371,18	25,6	1078,54
25,0	1214,11	27,20	252,23	279,43	23,0	934,68	1510,12	83,90	313,73	397,63	26,3	1112,49
26,0	1262,68	34,50	262,32	296,82	23,5	965,85	1570,53	100,40	326,28	426,68	27,2	1143,85
27,0	1311,24	42,30	272,41	314,71	24,0	996,53	1630,93	117,00	338,83	455,83	27,9	1175,11
28,0	1359,80	51,50	282,50	334,00	24,6	1025,81	1691,34	130,90	351,38	482,28	28,5	1209,06
29,0	1408,37	61,30	292,59	353,89	25,1	1054,48	1751,74	144,30	363,92	508,22	29,0	1243,52
30,0	1456,93	71,60	302,68	374,28	25,7	1082,66	1812,15	157,90	376,47	534,37	29,5	1277,77
31,0	1505,50	82,70	312,77	395,47	26,3	1110,03	1872,55	171,60	389,02	560,62	29,9	1311,93
32,0	1554,06	95,90	322,86	418,76	26,9	1135,31	1932,96	185,50	401,57	587,07	30,4	1345,89
33,0	1602,63	109,20	332,95	442,15	27,6	1160,48	1993,36	199,50	414,12	613,62	30,8	1379,74
34,0	1651,19	122,00	343,03	465,03	28,2	1186,16	2053,77	213,70	426,67	640,37	31,2	1413,40
35,0	1699,76	132,70	353,12	485,82	28,6	1213,93	2114,17	228,00	439,22	667,22	31,6	1446,95
36,0	1748,32	143,50	363,21	506,71	29,0	1241,61	2174,58	242,50	451,77	694,27	31,9	1480,31
37,0	1796,88	154,40	373,30	527,70	29,4	1269,18	2234,98	257,10	464,32	721,42	32,3	1513,56
38,0	1845,45	165,40	383,39	548,79	29,7	1296,66	2295,39	271,90	476,87	748,77	32,6	1546,62
39,0	1894,01	176,50	393,48	569,98	30,1	1324,03	2355,79	286,80	489,42	776,22	32,9	1579,58
40,0	1942,58	187,70	403,57	591,27	30,4	1351,31	2416,20	301,90	501,96	803,86	33,3	1612,33
41,0	1991,14	199,00	413,66	612,66	30,8	1378,48	2476,60	317,00	514,51	831,51	33,6	1645,09
42,0	2039,71	210,40	423,75	634,15	31,1	1405,56	2537,01	332,40	527,06	859,46	33,9	1677,54
43,0	2088,27	221,90	433,84	655,74	31,4	1432,53	2597,41	347,90	539,61	887,51	34,2	1709,90
44,0	2136,84	233,50	443,93	677,43	31,7	1459,41	2657,82	363,40	552,16	915,56	34,4	1742,26
45,0	2185,40	245,10	454,02	699,12	32,0	1486,28	2718,22	379,30	564,71	944,01	34,7	1774,21
46,0	2233,96	256,90	464,11	721,01	32,3	1512,96	2778,63	395,20	577,26	972,46	35,0	1806,17
47,0	2282,53	268,70	474,20	742,90	32,5	1539,63	2839,03	411,30	589,81	1001,11	35,3	1837,92
48,0	2331,09	280,70	484,28	764,98	32,8	1566,11	2899,44	427,50	602,36	1029,86	35,5	1869,58
49,0	2379,66	292,70	494,37	787,07	33,1	1592,58	2959,84	443,90	614,91	1058,81	35,8	1901,03
50,0	2428,22	304,90	504,46	809,36	33,3	1618,86	3020,25	460,40	627,46	1087,86	36,0	1932,39
51,0	2476,79	317,10	514,55	831,65	33,6	1645,13	3080,65	477,00	640,01	1117,01	36,3	1963,65
52,0	2525,35	329,40	524,64	854,04	33,8	1671,31	3141,06	493,80	652,55	1146,35	36,5	1994,70
53,0	2573,92	341,80	534,73	876,53	34,1	1697,38	3201,46	510,80	665,10	1175,90	36,7	2025,56
54,0	2622,48	354,30	544,82	899,12	34,3	1723,36	3261,87	527,90	677,65	1205,55	37,0	2056,31
55,0	2671,04	366,90	554,91	921,81	34,5	1749,23	3322,27	545,10	690,20	1235,30	37,2	2086,97
56,0	2719,61	379,60	565,00	944,60	34,7	1775,01	3382,68	562,50	702,75	1265,25	37,4	2117,42
57,0	2768,17	392,40	575,09	967,49	35,0	1800,69	3443,08	580,00	715,30	1295,30	37,6	2147,78
58,0	2816,74	405,30	585,18	990,48	35,2	1826,26	3503,49	597,70	727,85	1325,55	37,8	2177,94
59,0	2865,30	418,30	595,27	1013,57	35,4	1851,74	3563,89	615,50	740,40	1355,90	38,0	2207,99
60,0	2913,87	431,40	605,36	1036,76	35,6	1877,11	3624,30	633,40	752,95	1386,35	38,3	2237,95
61,0	2962,43	444,50	615,45	1059,95	35,8	1902,49	3684,70	651,60	765,50	1417,10	38,5	2267,60
62,0	3011,00	457,80	625,53	1083,33	36,0	1927,66	3745,10	669,90	778,05	1447,95	38,7	2297,16
63,0	3059,56	471,20	635,62	1106,82	36,2	1952,74	3805,51	688,30	790,59	1478,89	38,9	2326,62
64,0	3108,12	484,60	645,71	1130,31	36,4	1977,81	3865,91	706,80	803,14	1509,94	39,1	2355,97
65,0	3156,69	498,20	655,80	1154,00	36,6	2002,69	3926,32	725,50	815,69	1541,19	39,3	2385,13
66,0	3205,25	511,90	665,89	1177,79	36,7	2027,46	3986,72	744,40	828,24	1572,64	39,4	2414,08
67,0	3253,82	525,60	675,98	1201,58	36,9	2052,24	4047,13	763,40	840,79	1604,19	39,6	2442,94
68,0	3302,38	539,40	686,07	1225,47	37,1	2076,91	4107,53	782,40	853,34	1635,74	39,8	2471,79
69,0	3350,95	553,40	696,16	1249,56	37,3	2101,39	4167,94	801,80	865,89	1667,69	40,0	2500,25
70,0	3399,51	567,40	706,25	1273,65	37,5	2125,86	4228,34	821,20	878,44	1699,64	40,2	2528,71

noch Tabelle 2.2

	Std.-Entgelt: (BAT VIII) TVöD E.-Gr.3 14,08 €						Std.-Entgelt: (BAT VII) TVöD E.-Gr.5 15,32 €					
Std.	Brutto	Steuern	Sozial-vers.	Summe €	Abzüge %	Netto	Brutto	Steuern	Sozial-vers.	Summe €	Abzüge %	Netto
1,0	65,12	,00	,00	,00	,0	65,12	70,86	,00	,00	,00	,0	70,86
2,0	130,25	,00	,00	,00	,0	130,25	141,72	,00	,00	,00	,0	141,72
3,0	195,37	,00	,00	,00	,0	195,37	212,57	,00	,00	,00	,0	212,57
4,0	260,49	,00	,00	,00	,0	260,49	283,43	,00	,00	,00	,0	283,43
5,0	325,61	,00	,00	,00	,0	325,61	354,29	,00	,00	,00	,0	354,29
6,0	390,74	,00	,00	,00	,0	390,74	425,15	,00	,00	,00	,0	425,15
7,0	455,86	,00	94,70	94,70	20,8	361,15	496,00	,00	103,05	103,05	20,8	392,96
8,0	520,98	,00	108,23	108,23	20,8	412,75	566,86	,00	117,77	117,77	20,8	449,10
9,0	586,10	,00	121,76	121,76	20,8	464,34	637,72	,00	132,49	132,49	20,8	505,23
10,0	651,23	,00	135,29	135,29	20,8	515,93	708,58	,00	147,21	147,21	20,8	561,37
11,0	716,35	,00	148,82	148,82	20,8	567,53	779,44	,00	161,93	161,93	20,8	617,51
12,0	781,47	,00	162,35	162,35	20,8	619,12	850,29	,00	176,65	176,65	20,8	673,65
13,0	846,59	,00	175,88	175,88	20,8	670,71	921,15	,00	191,37	191,37	20,8	729,78
14,0	911,72	,00	189,41	189,41	20,8	722,31	992,01	,00	206,09	206,09	20,8	785,92
15,0	976,84	,00	202,94	202,94	20,8	773,90	1062,87	6,60	220,81	227,41	21,4	835,46
16,0	1041,96	4,10	216,47	220,57	21,2	821,39	1133,73	15,80	235,53	251,33	22,2	882,39
17,0	1107,08	12,30	230,00	242,30	21,9	864,79	1204,58	25,80	250,25	276,05	22,9	928,53
18,0	1172,21	21,10	243,53	264,63	22,6	907,58	1275,44	36,50	264,97	301,47	23,6	973,97
19,0	1237,33	30,60	257,06	287,66	23,2	949,67	1346,30	48,80	279,69	328,49	24,4	1017,81
20,0	1302,45	40,90	270,58	311,48	23,9	990,97	1417,16	63,10	294,41	357,51	25,2	1059,64
21,0	1367,57	53,00	284,11	337,11	24,7	1030,46	1488,01	78,50	309,14	387,64	26,1	1100,38
22,0	1432,70	66,50	297,64	364,14	25,4	1068,55	1558,87	97,30	323,86	421,16	27,0	1137,72
23,0	1497,82	80,70	311,17	391,87	26,2	1105,95	1629,73	116,80	338,58	455,38	27,9	1174,35
24,0	1562,94	98,40	324,70	423,10	27,1	1139,84	1700,59	132,90	353,30	486,20	28,6	1214,39
25,0	1628,07	116,20	338,23	454,43	27,9	1173,63	1771,45	148,70	368,02	516,72	29,2	1254,73
26,0	1693,19	131,30	351,76	483,06	28,5	1210,13	1842,30	164,70	382,74	547,44	29,7	1294,87
27,0	1758,31	145,80	365,29	511,09	29,1	1247,22	1913,16	180,90	397,46	578,36	30,2	1334,80
28,0	1823,43	160,40	378,82	539,22	29,6	1284,21	1984,02	197,40	412,18	609,58	30,7	1374,44
29,0	1888,56	175,30	392,35	567,65	30,1	1320,91	2054,88	214,00	426,90	640,90	31,2	1413,98
30,0	1953,68	190,30	405,88	596,18	30,5	1357,50	2125,74	230,80	441,62	672,42	31,6	1453,31
31,0	2018,80	205,50	419,41	624,91	31,0	1393,89	2196,59	247,80	456,34	704,14	32,1	1492,45
32,0	2083,92	220,90	432,94	653,84	31,4	1430,09	2267,45	265,00	471,06	736,06	32,5	1531,39
33,0	2149,05	236,40	446,46	682,86	31,8	1466,18	2338,31	282,50	485,78	768,28	32,9	1570,03
34,0	2214,17	252,00	459,99	711,99	32,2	1502,18	2409,17	300,00	500,50	800,50	33,2	1608,66
35,0	2279,29	268,00	473,52	741,52	32,5	1537,77	2480,02	317,90	515,23	833,13	33,6	1646,90
36,0	2344,41	284,00	487,05	771,05	32,9	1573,36	2550,88	335,90	529,95	865,85	33,9	1685,04
37,0	2409,54	300,20	500,58	800,78	33,2	1608,76	2621,74	354,10	544,67	898,77	34,3	1722,97
38,0	2474,66	316,50	514,11	830,61	33,6	1644,05	2692,60	372,50	559,39	931,89	34,6	1760,71
39,0	2539,78	333,10	527,64	860,74	33,9	1679,04	2763,46	391,20	574,11	965,31	34,9	1798,15
40,0	2604,90	349,80	541,17	890,97	34,2	1713,94	2834,31	410,00	588,83	998,83	35,2	1835,48
41,0	2670,03	366,70	554,70	921,40	34,5	1748,63	2905,17	429,00	603,55	1032,55	35,5	1872,62
42,0	2735,15	383,70	568,23	951,93	34,8	1783,22	2976,03	448,30	618,27	1066,57	35,8	1909,46
43,0	2800,27	400,90	581,76	982,66	35,1	1817,62	3046,89	467,70	632,99	1100,69	36,1	1946,20
44,0	2865,39	418,40	595,29	1013,69	35,4	1851,71	3117,74	487,30	647,71	1135,01	36,4	1982,73
45,0	2930,52	435,90	608,81	1044,71	35,6	1885,80	3188,60	507,10	662,43	1169,53	36,7	2019,07
46,0	2995,64	453,60	622,34	1075,94	35,9	1919,70	3259,46	527,20	677,15	1204,35	36,9	2055,11
47,0	3060,76	471,50	635,87	1107,37	36,2	1953,39	3330,32	547,40	691,87	1239,27	37,2	2091,04
48,0	3125,89	489,60	649,40	1139,00	36,4	1986,88	3401,18	567,80	706,59	1274,39	37,5	2126,78
49,0	3191,01	507,80	662,93	1170,73	36,7	2020,28	3472,03	588,50	721,32	1309,82	37,7	2162,22
50,0	3256,13	526,20	676,46	1202,66	36,9	2053,47	3542,89	609,30	736,04	1345,34	38,0	2197,56
51,0	3321,25	544,80	689,99	1234,79	37,2	2086,46	3613,75	630,30	750,76	1381,06	38,2	2232,69
52,0	3386,38	563,50	703,52	1267,02	37,4	2119,36	3684,61	651,50	765,48	1416,98	38,5	2267,63
53,0	3451,50	582,50	717,05	1299,55	37,7	2151,95	3755,47	672,90	780,20	1453,10	38,7	2302,37
54,0	3516,62	601,50	730,58	1332,08	37,9	2184,54	3826,32	694,60	794,92	1489,52	38,9	2336,80
55,0	3581,74	620,80	744,11	1364,91	38,1	2216,84	3897,18	716,40	809,64	1526,04	39,2	2371,14
56,0	3646,87	640,20	757,64	1397,84	38,3	2249,03	3968,04	738,50	824,36	1562,86	39,4	2405,18
57,0	3711,99	659,80	771,17	1430,97	38,5	2281,02	4038,90	760,80	839,08	1599,88	39,6	2439,02
58,0	3777,11	679,50	784,69	1464,19	38,8	2312,92	4109,75	783,20	853,80	1637,00	39,8	2472,75
59,0	3842,23	699,50	798,22	1497,72	39,0	2344,51	4180,61	805,90	868,52	1674,42	40,1	2506,19
60,0	3907,36	719,60	811,75	1531,35	39,2	2376,00	4251,47	828,70	883,24	1711,94	40,3	2539,53
61,0	3972,48	739,90	825,28	1565,18	39,4	2407,30	4322,33	851,70	897,96	1749,66	40,5	2572,66
62,0	4037,60	760,40	838,81	1599,21	39,6	2438,39	4393,19	876,60	543,00	1419,60	32,3	2973,59
63,0	4102,72	780,90	852,34	1633,24	39,8	2469,48	4464,04	902,70	550,69	1453,39	32,6	3010,65
64,0	4167,85	801,70	865,87	1667,57	40,0	2500,28	4534,90	929,10	558,38	1487,48	32,8	3047,42
65,0	4232,97	822,70	879,40	1702,10	40,2	2530,87	4605,76	955,80	566,06	1521,86	33,0	3083,89
66,0	4298,09	843,80	892,93	1736,73	40,4	2561,36	4676,62	982,70	573,75	1556,45	33,3	3120,16
67,0	4363,21	865,60	539,75	1405,35	32,2	2957,87	4747,48	1009,90	581,44	1591,34	33,5	3156,13
68,0	4428,34	889,50	546,81	1436,31	32,4	2992,02	4818,33	1037,30	589,13	1626,43	33,8	3191,90
69,0	4493,46	913,60	553,88	1467,48	32,7	3025,98	4889,19	1065,00	596,82	1661,82	34,0	3227,37
70,0	4558,58	938,00	560,95	1498,95	32,9	3059,64	4960,05	1092,90	604,51	1697,41	34,2	3262,64

noch Tabelle 2.2

	Std.-Entgelt:		(BAT VIa/b)	TVöD E.-Gr.6	15,98 €		Std.-Entgelt:		(BAT VC)	TVöD E.-Gr.8	17,30 €	
Std.	Brutto	Steuern	Sozial-vers.	Summe Abzüge €	%	Netto	Brutto	Steuern	Sozial-vers.	Summe Abzüge €	%	Netto
1,0	73,91	,00	,00	,00	,0	73,91	80,02	,00	,00	,00	,0	80,02
2,0	147,82	,00	,00	,00	,0	147,82	160,03	,00	,00	,00	,0	160,03
3,0	221,73	,00	,00	,00	,0	221,73	240,05	,00	,00	,00	,0	240,05
4,0	295,64	,00	,00	,00	,0	295,64	320,06	,00	,00	,00	,0	320,06
5,0	369,55	,00	,00	,00	,0	369,55	400,08	,00	,00	,00	,0	400,08
6,0	443,46	,00	,00	,00	,0	443,46	480,09	,00	99,74	99,74	20,8	380,35
7,0	517,37	,00	107,48	107,48	20,8	409,89	560,11	,00	116,36	116,36	20,8	443,75
8,0	591,28	,00	122,84	122,84	20,8	468,44	640,13	,00	132,99	132,99	20,8	507,14
9,0	665,19	,00	138,19	138,19	20,8	527,00	720,14	,00	149,61	149,61	20,8	570,53
10,0	739,10	,00	153,55	153,55	20,8	585,56	800,16	,00	166,23	166,23	20,8	633,92
11,0	813,02	,00	168,90	168,90	20,8	644,11	880,17	,00	182,86	182,86	20,8	697,32
12,0	886,93	,00	184,26	184,26	20,8	702,67	960,19	,00	199,48	199,48	20,8	760,71
13,0	960,84	,00	199,61	199,61	20,8	761,22	1040,20	3,90	216,10	220,00	21,1	820,20
14,0	1034,75	3,30	214,97	218,27	21,1	816,48	1120,22	14,00	232,73	246,73	22,0	873,49
15,0	1108,66	12,40	230,32	242,72	21,9	865,93	1200,24	25,10	249,35	274,45	22,9	925,79
16,0	1182,57	22,60	245,68	268,28	22,7	914,29	1280,25	37,30	265,97	303,27	23,7	976,98
17,0	1256,48	33,60	261,03	294,63	23,4	961,84	1360,27	51,50	282,60	334,10	24,6	1026,17
18,0	1330,39	45,70	276,39	322,09	24,2	1008,30	1440,28	68,00	299,22	367,22	25,5	1073,06
19,0	1404,30	60,50	291,74	352,24	25,1	1052,06	1520,30	86,80	315,84	402,64	26,5	1117,66
20,0	1478,21	76,30	307,10	383,40	25,9	1094,81	1600,31	108,60	332,47	441,07	27,6	1159,25
21,0	1552,12	95,40	322,45	417,85	26,9	1134,27	1680,33	128,50	349,09	477,59	28,4	1202,74
22,0	1626,03	115,80	337,81	453,61	27,9	1172,42	1760,35	146,20	365,71	511,91	29,1	1248,43
23,0	1699,94	132,80	353,16	485,96	28,6	1213,98	1840,36	164,30	382,34	546,64	29,7	1293,73
24,0	1773,85	149,30	368,52	517,82	29,2	1256,03	1920,38	182,60	398,96	581,56	30,3	1338,82
25,0	1847,76	165,90	383,87	549,77	29,8	1297,99	2000,39	201,20	415,58	616,78	30,8	1383,61
26,0	1921,67	182,90	399,23	582,13	30,3	1339,54	2080,41	220,00	432,20	652,20	31,3	1428,20
27,0	1995,58	200,00	414,58	614,58	30,8	1381,00	2160,42	239,10	448,83	687,93	31,8	1472,50
28,0	2069,49	217,50	429,94	647,44	31,3	1422,06	2240,44	258,50	465,45	723,95	32,3	1516,49
29,0	2143,40	235,00	445,29	680,29	31,7	1463,11	2320,46	278,00	482,07	760,07	32,8	1560,38
30,0	2217,31	252,90	460,65	713,55	32,2	1503,77	2400,47	297,90	498,70	796,60	33,2	1603,87
31,0	2291,22	270,90	476,00	746,90	32,6	1544,32	2480,49	318,00	515,32	833,32	33,6	1647,17
32,0	2365,13	289,10	491,36	780,46	33,0	1584,68	2560,50	338,40	531,94	870,34	34,0	1690,16
33,0	2439,05	307,50	506,71	814,21	33,4	1624,83	2640,52	358,90	548,57	907,47	34,4	1733,05
34,0	2512,96	326,20	522,07	848,27	33,8	1664,69	2720,53	379,90	565,19	945,09	34,7	1775,44
35,0	2586,87	345,10	537,42	882,52	34,1	1704,34	2800,55	401,00	581,81	982,81	35,1	1817,74
36,0	2660,78	364,30	552,78	917,08	34,5	1743,70	2880,57	422,40	598,44	1020,84	35,4	1859,73
37,0	2734,69	383,60	568,13	951,73	34,8	1782,96	2960,58	444,00	615,06	1059,06	35,8	1901,52
38,0	2808,60	403,10	583,49	986,59	35,1	1822,01	3040,60	466,00	631,68	1097,68	36,1	1942,91
39,0	2882,51	423,00	598,84	1021,84	35,4	1860,67	3120,61	488,10	648,31	1136,41	36,4	1984,21
40,0	2956,42	442,90	614,20	1057,10	35,8	1899,32	3200,63	510,50	664,93	1175,43	36,7	2025,20
41,0	3030,33	463,10	629,55	1092,65	36,1	1937,68	3280,64	533,20	681,55	1214,75	37,0	2065,89
42,0	3104,24	483,50	644,91	1128,41	36,4	1975,83	3360,66	556,10	698,18	1254,28	37,3	2106,38
43,0	3178,15	504,20	660,26	1164,46	36,6	2013,69	3440,68	579,30	714,80	1294,10	37,6	2146,57
44,0	3252,06	525,00	675,62	1200,62	36,9	2051,44	3520,69	602,70	731,42	1334,12	37,9	2186,57
45,0	3325,97	546,10	690,97	1237,07	37,2	2088,90	3600,71	626,40	748,05	1374,45	38,2	2226,26
46,0	3399,88	567,50	706,33	1273,83	37,5	2126,06	3680,72	650,40	764,67	1415,07	38,4	2265,65
47,0	3473,79	589,00	721,68	1310,68	37,7	2163,11	3760,74	674,60	781,29	1455,89	38,7	2304,84
48,0	3547,70	610,70	737,04	1347,74	38,0	2199,97	3840,75	699,00	797,92	1496,92	39,0	2343,84
49,0	3621,61	632,70	752,39	1385,09	38,2	2236,52	3920,77	723,80	814,54	1538,34	39,2	2382,43
50,0	3695,52	654,90	767,74	1422,64	38,5	2272,88	4000,78	748,80	831,16	1579,96	39,5	2420,82
51,0	3769,43	677,30	783,10	1460,40	38,7	2309,03	4080,80	773,90	847,79	1621,69	39,7	2459,11
52,0	3843,34	699,90	798,45	1498,35	39,0	2344,99	4160,82	799,40	864,41	1663,81	40,0	2497,01
53,0	3917,25	722,70	813,81	1536,51	39,2	2380,74	4240,83	825,20	881,03	1706,23	40,2	2534,60
54,0	3991,16	745,80	829,16	1574,96	39,5	2416,20	4320,85	851,20	897,66	1748,86	40,5	2571,99
55,0	4065,08	769,00	844,52	1613,52	39,7	2451,56	4400,86	879,40	543,83	1423,23	32,3	2977,63
56,0	4138,99	792,50	859,87	1652,37	39,9	2486,61	4480,88	909,00	552,52	1461,52	32,6	3019,36
57,0	4212,90	816,20	875,23	1691,43	40,1	2521,47	4560,90	938,90	561,20	1500,10	32,9	3060,80
58,0	4286,81	840,10	890,58	1730,68	40,4	2556,12	4640,91	969,10	569,88	1538,98	33,2	3101,93
59,0	4360,72	864,70	539,48	1404,18	32,2	2956,54	4720,93	999,60	578,56	1578,16	33,4	3142,77
60,0	4434,63	891,90	547,50	1439,40	32,5	2995,23	4800,94	1030,50	587,24	1617,74	33,7	3183,20
61,0	4508,54	919,30	555,52	1474,82	32,7	3033,72	4880,96	1061,70	595,92	1657,62	34,0	3223,33
62,0	4582,45	947,00	563,54	1510,54	33,0	3071,91	4960,97	1093,20	604,61	1697,81	34,2	3263,17
63,0	4656,36	975,00	571,55	1546,55	33,2	3109,80	5040,99	1125,00	613,29	1738,29	34,5	3302,70
64,0	4730,27	1003,20	579,57	1582,77	33,5	3147,49	5121,00	1157,10	621,97	1779,07	34,7	3341,94
65,0	4804,18	1031,80	587,59	1619,39	33,7	3184,79	5201,02	1189,50	630,65	1820,15	35,0	3380,87
66,0	4878,09	1060,60	595,61	1656,21	34,0	3221,88	5281,04	1222,40	639,33	1861,73	35,3	3419,30
67,0	4952,00	1089,60	603,63	1693,23	34,2	3258,77	5361,05	1255,40	648,01	1903,41	35,5	3457,64
68,0	5025,91	1119,00	611,65	1730,65	34,4	3295,26	5441,07	1288,60	656,70	1945,30	35,8	3495,77
69,0	5099,82	1148,60	619,67	1768,27	34,7	3331,55	5521,08	1321,90	665,38	1987,28	36,0	3533,81
70,0	5173,73	1178,50	627,69	1806,19	34,9	3367,54	5601,10	1355,00	674,06	2029,06	36,2	3572,04

noch Tabelle 2.2

	Std.-Entgelt: (BAT Vb/a) TVöD E.-Gr.9 18,54 €						Std.-Entgelt: (BAT IVb) TVöD E.-Gr.10 21,44 €					
			Sozial-	Summe Abzüge					Sozial-	Summe Abzüge		
Std.	Brutto	Steuern	vers.	€	%	Netto	Brutto	Steuern	vers.	€	%	Netto
1,0	85,18	,00	,00	,00	,0	85,18	98,50	,00	,00	,00	,0	98,50
2,0	170,36	,00	,00	,00	,0	170,36	197,01	,00	,00	,00	,0	197,01
3,0	255,54	,00	,00	,00	,0	255,54	295,51	,00	,00	,00	,0	295,51
4,0	340,72	,00	,00	,00	,0	340,72	394,01	,00	,00	,00	,0	394,01
5,0	425,90	,00	,00	,00	,0	425,90	492,52	,00	102,32	102,32	20,8	390,20
6,0	511,08	,00	106,18	106,18	20,8	404,90	591,02	,00	122,78	122,78	20,8	468,24
7,0	596,26	,00	123,87	123,87	20,8	472,39	689,53	,00	143,25	143,25	20,8	546,28
8,0	681,44	,00	141,57	141,57	20,8	539,87	788,03	,00	163,71	163,71	20,8	624,32
9,0	766,62	,00	159,27	159,27	20,8	607,35	886,53	,00	184,18	184,18	20,8	702,36
10,0	851,80	,00	176,96	176,96	20,8	674,84	985,04	,00	204,64	204,64	20,8	780,40
11,0	936,98	,00	194,66	194,66	20,8	742,32	1083,54	9,30	225,11	234,41	21,6	849,13
12,0	1022,16	1,80	212,35	214,15	21,0	808,01	1182,04	22,50	245,57	268,07	22,7	913,97
13,0	1107,34	12,30	230,05	242,35	21,9	864,99	1280,55	37,40	266,03	303,43	23,7	977,11
14,0	1192,52	24,00	247,75	271,75	22,8	920,77	1379,05	55,30	286,50	341,80	24,8	1037,25
15,0	1277,70	36,90	265,44	302,34	23,7	975,36	1477,55	76,20	306,96	383,16	25,9	1094,39
16,0	1362,88	52,00	283,14	335,14	24,6	1027,74	1576,06	101,90	327,43	429,33	27,2	1146,73
17,0	1448,06	69,70	300,83	370,53	25,6	1077,52	1674,56	127,10	347,89	474,99	28,4	1199,57
18,0	1533,24	90,30	318,53	408,83	26,7	1124,41	1773,07	149,10	368,35	517,45	29,2	1255,61
19,0	1618,42	113,50	336,23	449,73	27,8	1168,69	1871,57	171,40	388,82	560,22	29,9	1311,35
20,0	1703,60	133,50	353,92	487,42	28,6	1216,18	1970,07	194,10	409,28	603,38	30,6	1366,69
21,0	1788,78	152,60	371,62	524,22	29,3	1264,56	2068,58	217,20	429,75	646,95	31,3	1421,63
22,0	1873,96	171,90	389,31	561,21	29,9	1312,74	2167,08	240,70	450,21	690,91	31,9	1476,17
23,0	1959,14	191,60	407,01	598,61	30,6	1360,53	2265,58	264,50	470,68	735,18	32,4	1530,41
24,0	2044,32	211,50	424,71	636,21	31,1	1408,11	2364,09	288,80	491,14	779,94	33,0	1584,15
25,0	2129,50	231,70	442,40	674,10	31,7	1455,40	2462,59	313,40	511,60	825,00	33,5	1637,59
26,0	2214,68	252,20	460,10	712,30	32,2	1502,38	2561,10	338,50	532,07	870,57	34,0	1690,53
27,0	2299,86	273,00	477,80	750,80	32,6	1549,06	2659,60	363,90	552,53	916,43	34,5	1743,17
28,0	2385,04	294,00	495,49	789,49	33,1	1595,55	2758,10	389,80	573,00	962,80	34,9	1795,31
29,0	2470,22	315,40	513,19	828,59	33,5	1641,63	2856,61	416,00	593,46	1009,46	35,3	1847,15
30,0	2555,40	337,00	530,88	867,88	34,0	1687,51	2955,11	442,50	613,92	1056,42	35,7	1898,69
31,0	2640,58	359,00	548,58	907,58	34,4	1733,00	3053,61	469,50	634,39	1103,89	36,2	1949,73
32,0	2725,76	381,30	566,28	947,58	34,8	1778,18	3152,12	496,90	654,85	1151,75	36,5	2000,36
33,0	2810,94	403,80	583,97	987,77	35,1	1823,17	3250,62	524,60	675,32	1199,92	36,9	2050,70
34,0	2896,12	426,60	601,67	1028,27	35,5	1867,85	3349,12	552,80	695,78	1248,58	37,3	2100,54
35,0	2981,30	449,70	619,36	1069,06	35,9	1912,23	3447,63	581,40	716,24	1297,64	37,6	2149,98
36,0	3066,48	473,10	637,06	1110,16	36,2	1956,32	3546,13	610,30	736,71	1347,01	38,0	2199,12
37,0	3151,66	496,80	654,76	1151,56	36,5	2000,10	3644,64	639,50	757,17	1396,67	38,3	2247,96
38,0	3236,84	520,70	672,45	1193,15	36,9	2043,68	3743,14	669,30	777,64	1446,94	38,7	2296,20
39,0	3322,02	545,00	690,15	1235,15	37,2	2086,87	3841,64	699,40	798,10	1497,50	39,0	2344,14
40,0	3407,20	569,50	707,85	1277,35	37,5	2129,85	3940,15	729,80	818,57	1548,37	39,3	2391,78
41,0	3492,38	594,50	725,54	1320,04	37,8	2172,34	4038,65	760,60	839,03	1599,63	39,6	2439,02
42,0	3577,56	619,50	743,24	1362,74	38,1	2214,82	4137,15	791,90	859,49	1651,39	39,9	2485,76
43,0	3662,74	644,90	760,93	1405,83	38,4	2256,90	4235,66	823,50	879,96	1703,46	40,2	2532,20
44,0	3747,92	670,70	778,63	1449,33	38,7	2298,59	4334,16	855,60	900,42	1756,02	40,5	2578,14
45,0	3833,10	696,70	796,33	1493,03	39,0	2340,07	4432,66	891,10	547,28	1438,38	32,4	2994,28
46,0	3918,28	723,00	814,02	1537,02	39,2	2381,26	4531,17	927,70	557,97	1485,67	32,8	3045,50
47,0	4003,46	749,60	831,72	1581,32	39,5	2422,14	4629,67	964,90	568,66	1533,56	33,1	3096,11
48,0	4088,64	776,40	849,41	1625,81	39,8	2462,82	4728,18	1002,50	579,35	1581,85	33,5	3146,33
49,0	4173,82	803,60	867,11	1670,71	40,0	2503,11	4826,68	1040,50	590,03	1630,53	33,8	3196,14
50,0	4259,00	831,10	884,81	1715,91	40,3	2543,09	4925,18	1079,00	600,72	1679,72	34,1	3245,46
51,0	4344,18	858,90	902,50	1761,40	40,5	2582,77	5023,69	1118,10	611,41	1729,51	34,4	3294,18
52,0	4429,36	889,90	546,93	1436,83	32,4	2992,53	5122,19	1157,60	622,10	1779,70	34,7	3342,49
53,0	4514,54	921,50	556,17	1477,67	32,7	3036,87	5220,69	1197,60	632,79	1830,39	35,1	3390,31
54,0	4599,72	953,50	565,41	1518,91	33,0	3080,81	5319,20	1238,10	643,47	1881,57	35,4	3437,62
55,0	4684,90	985,90	574,65	1560,55	33,3	3124,35	5417,70	1278,90	654,16	1933,06	35,7	3484,64
56,0	4770,08	1018,60	583,89	1602,49	33,6	3167,58	5516,21	1319,80	664,85	1984,65	36,0	3531,56
57,0	4855,26	1051,60	593,14	1644,74	33,9	3210,52	5614,71	1360,70	675,54	2036,24	36,3	3578,47
58,0	4940,44	1085,00	602,38	1687,38	34,2	3253,06	5713,21	1401,90	684,79	2086,69	36,5	3626,52
59,0	5025,62	1118,90	611,62	1730,52	34,4	3295,10	5811,72	1445,50	684,79	2130,29	36,7	3681,43
60,0	5110,80	1153,00	620,86	1773,86	34,7	3336,94	5910,22	1489,20	684,79	2173,99	36,8	3736,23
61,0	5195,98	1187,50	630,10	1817,60	35,0	3378,37	6008,72	1532,90	684,79	2217,69	36,9	3791,03
62,0	5281,16	1222,40	639,35	1861,75	35,3	3419,41	6107,23	1576,50	684,79	2261,29	37,0	3845,94
63,0	5366,34	1257,60	648,59	1906,19	35,5	3460,15	6205,73	1620,10	684,79	2304,89	37,1	3900,84
64,0	5451,52	1292,90	657,83	1950,73	35,8	3500,79	6304,23	1663,80	684,79	2348,59	37,3	3955,64
65,0	5536,70	1328,30	667,07	1995,37	36,0	3541,32	6402,74	1707,50	684,79	2392,29	37,4	4010,45
66,0	5621,88	1363,60	676,31	2039,91	36,3	3581,96	6501,24	1751,10	684,79	2435,89	37,5	4065,35
67,0	5707,06	1399,20	684,79	2083,99	36,5	3623,07	6599,75	1794,70	684,79	2479,49	37,6	4120,25
68,0	5792,24	1436,90	684,79	2121,69	36,6	3670,55	6698,25	1838,40	684,79	2523,19	37,7	4175,06
69,0	5877,42	1474,70	684,79	2159,49	36,7	3717,93	6796,75	1882,00	684,79	2566,79	37,8	4229,96
70,0	5962,60	1512,40	684,79	2197,19	36,8	3765,41	6895,26	1925,70	684,79	2610,49	37,9	4284,77

noch Tabelle 2.2

Std.-Entgelt: (BAT IVa) TVöD E.-Gr.11 22,19 €

Std.	Brutto	Steuern	Sozial- vers.	Summe Abzüge €	%	Netto
1,0	101,95	,00	,00	,00	,0	101,95
2,0	203,90	,00	,00	,00	,0	203,90
3,0	305,85	,00	,00	,00	,0	305,85
4,0	407,80	,00	,00	,00	,0	407,80
5,0	509,75	,00	105,90	105,90	20,8	403,85
6,0	611,70	,00	127,08	127,08	20,8	484,62
7,0	713,65	,00	148,26	148,26	20,8	565,39
8,0	815,60	,00	169,44	169,44	20,8	646,16
9,0	917,55	,00	190,62	190,62	20,8	726,93
10,0	1019,49	1,40	211,80	213,20	20,9	806,29
11,0	1121,44	14,20	232,98	247,18	22,0	874,26
12,0	1223,39	28,50	254,16	282,66	23,1	940,73
13,0	1325,34	44,80	275,34	320,14	24,2	1005,20
14,0	1427,29	65,30	296,52	361,82	25,4	1065,47
15,0	1529,24	89,10	317,70	406,80	26,6	1122,44
16,0	1631,19	117,10	338,88	455,98	28,0	1175,21
17,0	1733,14	140,10	360,06	500,16	28,9	1232,98
18,0	1835,09	163,10	381,24	544,34	29,7	1290,75
19,0	1937,04	186,40	402,42	588,82	30,4	1348,22
20,0	2038,99	210,20	423,60	633,80	31,1	1405,19
21,0	2140,94	234,50	444,78	679,28	31,7	1461,66
22,0	2242,89	259,00	465,96	724,96	32,3	1517,93
23,0	2344,84	284,00	487,14	771,14	32,9	1573,70
24,0	2446,79	309,50	508,32	817,82	33,4	1628,97
25,0	2548,74	335,40	529,50	864,90	33,9	1683,84
26,0	2650,69	361,60	550,68	912,28	34,4	1738,41
27,0	2752,64	388,40	571,86	960,26	34,9	1792,38
28,0	2854,58	415,50	593,04	1008,54	35,3	1846,04
29,0	2956,53	443,00	614,22	1057,22	35,8	1899,31
30,0	3058,48	470,90	635,40	1106,30	36,2	1952,18
31,0	3160,43	499,20	656,58	1155,78	36,6	2004,65
32,0	3262,38	528,00	677,76	1205,76	37,0	2056,62
33,0	3364,33	557,20	698,94	1256,14	37,3	2108,19
34,0	3466,28	586,80	720,12	1306,92	37,7	2159,36
35,0	3568,23	616,80	741,30	1358,10	38,1	2210,13
36,0	3670,18	647,20	762,48	1409,68	38,4	2260,50
37,0	3772,13	678,00	783,66	1461,66	38,7	2310,47
38,0	3874,08	709,30	804,84	1514,14	39,1	2359,94
39,0	3976,03	741,00	826,02	1567,02	39,4	2409,01
40,0	4077,98	773,10	847,20	1620,30	39,7	2457,68
41,0	4179,93	805,60	868,38	1673,98	40,0	2505,95
42,0	4281,88	838,50	889,56	1728,06	40,4	2553,82
43,0	4383,83	873,10	541,99	1415,09	32,3	2968,74
44,0	4485,78	910,80	553,05	1463,85	32,6	3021,93
45,0	4587,73	949,00	564,11	1513,11	33,0	3074,62
46,0	4689,67	987,70	575,17	1562,87	33,3	3126,81
47,0	4791,62	1027,00	586,23	1613,23	33,7	3178,39
48,0	4893,57	1066,60	597,29	1663,89	34,0	3229,68
49,0	4995,52	1106,90	608,35	1715,25	34,3	3280,27
50,0	5097,47	1147,70	619,42	1767,12	34,7	3330,36
51,0	5199,42	1189,00	630,48	1819,48	35,0	3379,94
52,0	5301,37	1230,70	641,54	1872,24	35,3	3429,13
53,0	5403,32	1272,90	652,60	1925,50	35,6	3477,82
54,0	5505,27	1315,30	663,66	1978,96	35,9	3526,31
55,0	5607,22	1357,60	674,72	2032,32	36,2	3574,90
56,0	5709,17	1400,10	684,79	2084,89	36,5	3624,28
57,0	5811,12	1445,30	684,79	2130,09	36,7	3681,03
58,0	5913,07	1490,40	684,79	2175,19	36,8	3737,88
59,0	6015,02	1535,70	684,79	2220,49	36,9	3794,53
60,0	6116,97	1580,90	684,79	2265,69	37,0	3851,28
61,0	6218,92	1625,90	684,79	2310,69	37,2	3908,23
62,0	6320,87	1671,20	684,79	2355,99	37,3	3964,88
63,0	6422,82	1716,40	684,79	2401,19	37,4	4021,63
64,0	6524,76	1761,50	684,79	2446,29	37,5	4078,47
65,0	6626,71	1806,70	684,79	2491,49	37,6	4135,22
66,0	6728,66	1851,90	684,79	2536,69	37,7	4191,97
67,0	6830,61	1897,00	684,79	2581,79	37,8	4248,82
68,0	6932,56	1942,20	684,79	2626,99	37,9	4305,57
69,0	7034,51	1987,50	684,79	2672,29	38,0	4362,22
70,0	7136,46	2032,50	684,79	2717,29	38,1	4419,17

Tabelle 2.3

Monatliche Überstundenentgelte in €*) bei Wochenarbeitszeiten von 40–70 Stunden in den Entgeltgruppen 1 bis 11 des TVöD/Bund/Ost

Ledige (Grundtabelle)

Berechnungen mit Überstundenentgelten*)

Einkommensteuertarif ab 2017 (unter Einschluss des Solidaritätszuschlages [5,5 %])

Entgelte ab 1.3.2016 bis 31.1.2017

Sozialversicherung einschließlich Pflegeversicherung ab 1.1.2017

	Überstd.-Entg.: (BAT X) TVöD E.-Gr.1 13,34 €						Überstd.-Entg.: (BAT IXb/a) TVöD E.-Gr.2 16,59 €					
Std.	Brutto	Steuern	Sozial-vers.	Summe Abzüge €	Summe Abzüge %	Netto	Brutto	Steuern	Sozial-vers.	Summe Abzüge €	Summe Abzüge %	Netto
40,0	1908,72	179,90	396,54	576,44	30,2	1332,29	2373,81	291,20	493,16	784,36	33,0	1589,45
41,0	1966,73	193,40	408,59	601,99	30,6	1364,74	2445,94	309,30	508,14	817,44	33,4	1628,50
42,0	2024,73	206,90	420,64	627,54	31,0	1397,19	2518,08	327,50	523,13	850,63	33,8	1667,45
43,0	2082,73	220,50	432,69	653,19	31,4	1429,54	2590,21	346,00	538,12	884,12	34,1	1706,09
44,0	2140,73	234,40	444,74	679,14	31,7	1461,60	2662,34	364,60	553,10	917,70	34,5	1744,64
45,0	2198,74	248,30	456,79	705,09	32,1	1493,65	2734,48	383,50	568,09	951,59	34,8	1782,89
46,0	2256,74	262,40	468,84	731,24	32,4	1525,50	2806,61	402,60	583,07	985,67	35,1	1820,94
47,0	2314,74	276,60	480,89	757,49	32,7	1557,25	2878,74	421,90	598,06	1019,96	35,4	1858,78
48,0	2372,74	291,00	492,94	783,94	33,0	1588,81	2950,88	441,40	613,04	1054,44	35,7	1896,43
49,0	2430,74	305,50	504,99	810,49	33,3	1620,26	3023,01	461,10	628,03	1089,13	36,0	1933,88
50,0	2488,75	320,10	517,04	837,14	33,6	1651,61	3095,14	481,00	643,02	1124,02	36,3	1971,13
51,0	2546,75	334,90	529,09	863,99	33,9	1682,76	3167,28	501,10	658,00	1159,10	36,6	2008,18
52,0	2604,75	349,80	541,14	890,94	34,2	1713,81	3239,41	521,50	672,99	1194,49	36,9	2044,92
53,0	2662,75	364,80	553,19	917,99	34,5	1744,77	3311,54	542,00	687,97	1229,97	37,1	2081,57
54,0	2720,76	379,90	565,24	945,14	34,7	1775,62	3383,68	562,80	702,96	1265,76	37,4	2117,92
55,0	2778,76	395,20	577,29	972,49	35,0	1806,27	3455,81	583,70	717,94	1301,64	37,7	2154,17
56,0	2836,76	410,70	589,34	1000,04	35,3	1836,72	3527,94	604,90	732,93	1337,83	37,9	2190,11
57,0	2894,76	426,20	601,39	1027,59	35,5	1867,18	3600,08	626,30	747,92	1374,22	38,2	2225,86
58,0	2952,77	441,90	613,44	1055,34	35,7	1897,43	3672,21	647,90	762,90	1410,80	38,4	2261,41
59,0	3010,77	457,80	625,49	1083,29	36,0	1927,48	3744,34	669,60	777,89	1447,49	38,7	2296,86
60,0	3068,77	473,70	637,54	1111,24	36,2	1957,53	3816,48	691,60	792,87	1484,47	38,9	2332,00
61,0	3126,77	489,90	649,59	1139,49	36,4	1987,29	3888,61	713,90	807,86	1521,76	39,1	2366,85
62,0	3184,77	506,00	661,64	1167,64	36,7	2017,14	3960,74	736,20	822,84	1559,04	39,4	2401,70
63,0	3242,78	522,50	673,69	1196,19	36,9	2046,59	4032,88	758,90	837,83	1596,73	39,6	2436,15
64,0	3300,78	539,00	685,74	1224,74	37,1	2076,04	4105,01	781,70	852,82	1634,52	39,8	2470,49
65,0	3358,78	555,60	697,79	1253,39	37,3	2105,40	4177,14	804,70	867,80	1672,50	40,0	2504,64
66,0	3416,78	572,40	709,84	1282,24	37,5	2134,55	4249,28	828,00	882,79	1710,79	40,3	2538,49
67,0	3474,79	589,30	721,89	1311,19	37,7	2163,60	4321,41	851,40	897,77	1749,17	40,5	2572,24
68,0	3532,79	606,30	733,94	1340,24	37,9	2192,55	4393,54	876,70	543,04	1419,74	32,3	2973,80
69,0	3590,79	623,40	745,99	1369,39	38,1	2221,40	4465,68	903,40	550,87	1454,27	32,6	3011,41
70,0	3648,79	640,80	758,04	1398,84	38,3	2249,96	4537,81	930,20	558,69	1488,89	32,8	3048,92

*) 39,0 Std./Woche x 4,348 x Stundenentgelt einschließlich anteilige Jahressonderzahlung plus Überstunden/Woche x 4,348 x Überstundenentgelt. Unterstellt ist eine regelmäßige monatliche Ableistung von Überstunden. Nicht berücksichtigt ist dabei, ob die Überstunden auch an Sonn- und Feiertagen und/oder nachts geleistet werden. Hierfür fallen Sonderzuschläge an.
Darüber hinaus gelten steuerliche Sonderregelungen.

noch Tabelle 2.3

Überstd.-Entg.: (BAT VIII) TVöD E.-Gr.3 17,89 € | Überstd.-Entg.: (BAT VII) TVöD E.-Gr.5 19,46 €

Std.	Brutto	Steuern	Sozial-vers.	Summe Abzüge €	%	Netto	Brutto	Steuern	Sozial-vers.	Summe Abzüge €	%	Netto
40,0	2559,84	338,20	531,81	870,01	34,0	1689,84	2784,93	396,90	578,57	975,47	35,0	1809,46
41,0	2637,63	358,20	547,97	906,17	34,4	1731,46	2869,55	419,50	596,15	1015,65	35,4	1853,90
42,0	2715,42	378,50	564,13	942,63	34,7	1772,79	2954,16	442,30	613,73	1056,03	35,7	1898,13
43,0	2793,20	399,00	580,29	979,29	35,1	1813,91	3038,77	465,50	631,30	1096,80	36,1	1941,97
44,0	2870,99	419,90	596,45	1016,35	35,4	1854,64	3123,38	488,90	648,88	1137,78	36,4	1985,60
45,0	2948,77	440,90	612,61	1053,51	35,7	1895,27	3207,99	512,60	666,46	1179,06	36,8	2028,93
46,0	3026,56	462,10	628,77	1090,87	36,0	1935,69	3292,61	536,60	684,04	1220,64	37,1	2071,97
47,0	3104,35	483,60	644,93	1128,53	36,4	1975,82	3377,22	560,90	701,62	1262,52	37,4	2114,70
48,0	3182,13	505,30	661,09	1166,39	36,7	2015,74	3461,83	585,50	719,20	1304,70	37,7	2157,14
49,0	3259,92	527,30	677,25	1204,55	37,0	2055,37	3546,44	610,40	736,77	1347,17	38,0	2199,27
50,0	3337,70	549,50	693,41	1242,91	37,2	2094,79	3631,05	635,50	754,35	1389,85	38,3	2241,20
51,0	3415,49	572,00	709,57	1281,57	37,5	2133,92	3715,67	660,90	771,93	1432,83	38,6	2282,84
52,0	3493,27	594,70	725,73	1320,43	37,8	2172,85	3800,28	686,60	789,51	1476,11	38,8	2324,17
53,0	3571,06	617,60	741,89	1359,49	38,1	2211,57	3884,89	712,70	807,09	1519,79	39,1	2365,10
54,0	3648,85	640,80	758,05	1398,85	38,3	2250,00	3969,50	738,90	824,66	1563,56	39,4	2405,94
55,0	3726,63	664,30	774,21	1438,51	38,6	2288,12	4054,12	765,50	842,24	1607,74	39,7	2446,37
56,0	3804,42	687,90	790,37	1478,27	38,9	2326,15	4138,73	792,40	859,82	1652,22	39,9	2486,51
57,0	3882,20	711,90	806,53	1518,43	39,1	2363,77	4223,34	819,50	877,40	1696,90	40,2	2526,44
58,0	3959,99	735,90	822,69	1558,59	39,4	2401,40	4307,95	847,00	894,98	1741,98	40,4	2565,97
59,0	4037,77	760,40	838,85	1599,25	39,6	2438,53	4392,56	876,40	542,93	1419,33	32,3	2973,23
60,0	4115,56	785,00	855,01	1640,01	39,8	2475,55	4477,18	907,60	552,11	1459,71	32,6	3017,46
61,0	4193,35	809,90	871,17	1681,07	40,1	2512,28	4561,79	939,20	561,29	1500,49	32,9	3061,29
62,0	4271,13	835,00	887,33	1722,33	40,3	2548,80	4646,40	971,20	570,47	1541,67	33,2	3104,73
63,0	4348,92	860,40	903,49	1763,89	40,6	2585,03	4731,01	1003,50	579,65	1583,15	33,5	3147,86
64,0	4426,70	889,00	546,64	1435,64	32,4	2991,06	4815,62	1036,20	588,84	1625,04	33,7	3190,59
65,0	4504,49	917,80	555,08	1472,88	32,7	3031,61	4900,24	1069,20	598,02	1667,22	34,0	3233,02
66,0	4582,27	947,00	563,52	1510,52	33,0	3071,76	4984,85	1102,60	607,20	1709,80	34,3	3275,05
67,0	4660,06	976,50	571,96	1548,46	33,2	3111,60	5069,46	1136,40	616,38	1752,78	34,6	3316,68
68,0	4737,85	1006,20	580,40	1586,60	33,5	3151,25	5154,07	1170,50	625,56	1796,06	34,8	3358,02
69,0	4815,63	1036,20	588,84	1625,04	33,7	3190,59	5238,68	1205,00	634,74	1839,74	35,1	3398,95
70,0	4893,42	1066,60	597,28	1663,88	34,0	3229,54	5323,30	1239,80	643,92	1883,72	35,4	3439,58

Überstd.-Entg.: (BAT VIa/b) TVöD E.-Gr.6 20,29 € | Überstd.-Entg.: (BAT VC) TVöD E.-Gr.8 21,97 €

Std.	Brutto	Steuern	Sozial-vers.	Summe Abzüge €	%	Netto	Brutto	Steuern	Sozial-vers.	Summe Abzüge €	%	Netto
40,0	2903,99	428,70	603,30	1032,00	35,5	1871,98	3143,99	494,60	653,16	1147,76	36,5	1996,22
41,0	2992,21	452,70	621,63	1074,33	35,9	1917,88	3239,51	521,50	673,01	1194,51	36,9	2045,00
42,0	3080,43	477,00	639,96	1116,96	36,3	1963,47	3335,04	548,70	692,85	1241,55	37,2	2093,48
43,0	3168,65	501,50	658,29	1159,79	36,6	2008,86	3430,56	576,40	712,70	1289,10	37,6	2141,46
44,0	3256,87	526,50	676,61	1203,11	36,9	2053,76	3526,09	604,40	732,54	1336,94	37,9	2189,14
45,0	3345,09	551,60	694,94	1246,54	37,3	2098,55	3621,61	632,70	752,39	1385,09	38,2	2236,52
46,0	3433,31	577,10	713,27	1290,37	37,6	2142,94	3717,14	661,40	772,24	1433,64	38,6	2283,50
47,0	3521,53	603,00	731,60	1334,60	37,9	2186,94	3812,66	690,40	792,08	1482,48	38,9	2330,18
48,0	3609,75	629,10	749,93	1379,03	38,2	2230,73	3908,19	719,90	811,93	1531,83	39,2	2376,36
49,0	3697,98	655,60	768,25	1423,85	38,5	2274,12	4003,72	749,70	831,77	1581,47	39,5	2422,24
50,0	3786,20	682,40	786,58	1468,98	38,8	2317,21	4099,24	779,90	851,62	1631,52	39,8	2467,72
51,0	3874,42	709,40	804,91	1514,31	39,1	2360,11	4194,77	810,40	871,46	1681,86	40,1	2512,90
52,0	3962,64	736,80	823,24	1560,04	39,4	2402,60	4290,29	841,30	891,31	1732,61	40,4	2557,68
53,0	4050,86	764,50	841,57	1606,07	39,6	2444,79	4385,82	873,90	542,20	1416,10	32,3	2969,72
54,0	4139,08	792,50	859,89	1652,39	39,9	2486,69	4481,34	909,10	552,57	1461,67	32,6	3019,68
55,0	4227,30	820,90	878,22	1699,12	40,2	2528,18	4576,87	945,00	562,93	1507,93	32,9	3068,94
56,0	4315,52	849,50	896,55	1746,05	40,5	2569,47	4672,39	981,10	573,29	1554,39	33,3	3118,00
57,0	4403,74	880,50	544,15	1424,65	32,4	2979,10	4767,92	1017,80	583,66	1601,46	33,6	3166,46
58,0	4491,96	913,10	553,72	1466,82	32,7	3025,15	4863,45	1054,90	594,02	1648,92	33,9	3214,52
59,0	4580,18	946,10	563,29	1509,39	33,0	3070,79	4958,97	1092,40	604,39	1696,79	34,2	3262,18
60,0	4668,41	979,50	572,86	1552,36	33,3	3116,04	5054,50	1130,50	614,75	1745,25	34,5	3309,24
61,0	4756,63	1013,40	582,43	1595,83	33,5	3160,79	5150,02	1168,90	625,12	1794,02	34,8	3356,00
62,0	4844,85	1047,60	592,01	1639,61	33,8	3205,24	5245,55	1207,80	635,48	1843,28	35,1	3402,27
63,0	4933,07	1082,10	601,58	1683,68	34,1	3249,39	5341,07	1247,10	645,85	1892,95	35,4	3448,13
64,0	5021,29	1117,10	611,15	1728,25	34,4	3293,04	5436,60	1286,80	656,21	1943,01	35,7	3493,59
65,0	5109,51	1152,50	620,72	1773,22	34,7	3336,29	5532,12	1326,40	666,58	1992,98	36,0	3539,15
66,0	5197,73	1188,20	630,29	1818,49	35,0	3379,24	5627,65	1366,00	676,94	2042,94	36,3	3584,71
67,0	5285,95	1224,40	639,87	1864,27	35,3	3421,69	5723,17	1406,30	684,79	2091,09	36,5	3632,08
68,0	5374,17	1260,90	649,44	1910,34	35,5	3463,83	5818,70	1448,70	684,79	2133,49	36,7	3685,21
69,0	5462,39	1297,40	659,01	1956,41	35,8	3505,98	5914,23	1490,90	684,79	2175,69	36,8	3738,54
70,0	5550,62	1334,10	668,58	2002,68	36,1	3547,93	6009,75	1533,30	684,79	2218,09	36,9	3791,66

noch Tabelle 2.3

	Überstd.-Entg.:	(BAT Vb/a)	TVöD E.-Gr.9	23,54 €			Überstd.-Entg.:	(BAT IVa)	TVöD E.-Gr.10	24,09 €		
Std.	Brutto	Steuern	Sozial-vers.	Summe €	Abzüge %	Netto	Brutto	Steuern	Sozial-vers.	Summe €	Abzüge %	Netto
40,0	3347,32	552,30	695,41	1247,71	37,3	2099,62	3858,59	704,50	801,62	1506,12	39,0	2352,47
41,0	3449,67	582,00	716,67	1298,67	37,6	2151,00	3963,33	737,00	823,38	1560,38	39,4	2402,95
42,0	3552,03	612,00	737,93	1349,93	38,0	2202,09	4068,07	769,90	845,14	1615,04	39,7	2453,03
43,0	3654,38	642,40	759,20	1401,60	38,4	2252,78	4172,82	803,30	866,90	1670,20	40,0	2502,61
44,0	3756,73	673,40	780,46	1453,86	38,7	2302,87	4277,56	837,10	888,66	1725,76	40,3	2551,80
45,0	3859,08	704,70	801,72	1506,42	39,0	2352,66	4382,30	872,50	541,82	1414,32	32,3	2967,98
46,0	3961,43	736,40	822,99	1559,39	39,4	2402,05	4487,05	911,30	553,18	1464,48	32,6	3022,56
47,0	4063,79	768,60	844,25	1612,85	39,7	2450,93	4591,79	950,50	564,55	1515,05	33,0	3076,74
48,0	4166,14	801,20	865,52	1666,72	40,0	2499,42	4696,53	990,30	575,91	1566,21	33,3	3130,32
49,0	4268,49	834,20	886,78	1720,98	40,3	2547,51	4801,28	1030,60	587,28	1617,88	33,7	3183,40
50,0	4370,84	868,40	540,58	1408,98	32,2	2961,86	4906,02	1071,50	598,64	1670,14	34,0	3235,88
51,0	4473,19	906,10	551,68	1457,78	32,6	3015,41	5010,76	1113,00	610,01	1723,01	34,4	3287,76
52,0	4575,54	944,50	562,79	1507,29	32,9	3068,26	5115,51	1154,90	621,37	1776,27	34,7	3339,23
53,0	4677,90	983,20	573,89	1557,09	33,3	3120,80	5220,25	1197,50	632,74	1830,24	35,1	3390,01
54,0	4780,25	1022,50	585,00	1607,50	33,6	3172,75	5324,99	1240,40	644,10	1884,50	35,4	3440,49
55,0	4882,60	1062,40	596,10	1658,50	34,0	3224,10	5429,74	1283,90	655,47	1939,37	35,7	3490,37
56,0	4984,95	1102,70	607,21	1709,91	34,3	3275,05	5534,48	1327,40	666,83	1994,23	36,0	3540,25
57,0	5087,30	1143,50	618,31	1761,81	34,6	3325,49	5639,22	1370,90	678,20	2049,10	36,3	3590,13
58,0	5189,66	1185,00	629,42	1814,42	35,0	3375,24	5743,97	1415,50	684,79	2100,29	36,6	3643,68
59,0	5292,01	1226,90	640,52	1867,42	35,3	3424,59	5848,71	1461,90	684,79	2146,69	36,7	3702,02
60,0	5394,36	1269,30	651,63	1920,93	35,6	3473,43	5953,45	1508,40	684,79	2193,19	36,8	3760,26
61,0	5496,71	1311,70	662,73	1974,43	35,9	3522,28	6058,20	1554,80	684,79	2239,59	37,0	3818,61
62,0	5599,06	1354,20	673,84	2028,04	36,2	3571,03	6162,94	1601,20	684,79	2285,99	37,1	3876,95
63,0	5701,42	1396,70	684,79	2081,49	36,5	3619,93	6267,68	1647,60	684,79	2332,39	37,2	3935,29
64,0	5803,77	1442,00	684,79	2126,79	36,6	3676,98	6372,43	1694,00	684,79	2378,79	37,3	3993,64
65,0	5906,12	1487,40	684,79	2172,19	36,8	3733,93	6477,17	1740,50	684,79	2425,29	37,4	4051,88
66,0	6008,47	1532,80	684,79	2217,59	36,9	3790,88	6581,91	1786,90	684,79	2471,69	37,6	4110,22
67,0	6110,82	1578,10	684,79	2262,89	37,0	3847,93	6686,66	1833,30	684,79	2518,09	37,7	4168,57
68,0	6213,18	1623,40	684,79	2308,19	37,1	3904,99	6791,40	1879,70	684,79	2564,49	37,8	4226,91
69,0	6315,53	1668,80	684,79	2353,59	37,3	3961,94	6896,14	1926,10	684,79	2610,89	37,9	4285,25
70,0	6417,88	1714,20	684,79	2398,99	37,4	4018,89	7000,89	1972,50	684,79	2657,29	38,0	4343,60

	Überstd.-Entg.:	(BAT IVa)	TVöD E.-Gr.11	24,93 €		
Std.	Brutto	Steuern	Sozial-vers.	Summe €	Abzüge %	Netto
40,0	3993,04	746,40	829,55	1575,95	39,5	2417,09
41,0	4101,44	780,50	852,07	1632,57	39,8	2468,86
42,0	4209,83	815,20	874,59	1689,79	40,1	2520,04
43,0	4318,23	850,40	897,11	1747,51	40,5	2570,72
44,0	4426,62	888,90	546,63	1435,53	32,4	2991,10
45,0	4535,02	929,20	558,39	1487,59	32,8	3047,43
46,0	4643,42	970,00	570,15	1540,15	33,2	3103,26
47,0	4751,81	1011,50	581,91	1593,41	33,5	3158,40
48,0	4860,21	1053,60	593,67	1647,27	33,9	3212,93
49,0	4968,60	1096,20	605,43	1701,63	34,2	3266,97
50,0	5077,00	1139,50	617,19	1756,69	34,6	3320,30
51,0	5185,39	1183,20	628,96	1812,16	34,9	3373,24
52,0	5293,79	1227,60	640,72	1868,32	35,3	3425,47
53,0	5402,19	1272,50	652,48	1924,98	35,6	3477,21
54,0	5510,58	1317,40	664,24	1981,64	36,0	3528,94
55,0	5618,98	1362,40	676,00	2038,40	36,3	3580,58
56,0	5727,37	1408,20	684,79	2092,99	36,5	3634,38
57,0	5835,77	1456,30	684,79	2141,09	36,7	3694,68
58,0	5944,16	1504,30	684,79	2189,09	36,8	3755,07
59,0	6052,56	1552,30	684,79	2237,09	37,0	3815,47
60,0	6160,96	1600,40	684,79	2285,19	37,1	3875,77
61,0	6269,35	1648,40	684,79	2333,19	37,2	3936,16
62,0	6377,75	1696,40	684,79	2381,19	37,3	3996,56
63,0	6486,14	1744,40	684,79	2429,19	37,5	4056,95
64,0	6594,54	1792,50	684,79	2477,29	37,6	4117,25
65,0	6702,93	1840,50	684,79	2525,29	37,7	4177,64
66,0	6811,33	1888,50	684,79	2573,29	37,8	4238,04
67,0	6919,72	1936,50	684,79	2621,29	37,9	4298,43
68,0	7028,12	1984,50	684,79	2669,29	38,0	4358,83
69,0	7136,52	2032,60	684,79	2717,39	38,1	4419,13
70,0	7244,91	2080,60	684,79	2765,39	38,2	4479,52

Tabelle 2.4

Monatliche Überstundenentgelte in €*) bei Wochenarbeitszeiten von 40–70 Stunden in den Entgeltgruppen 1 bis 11 des TVöD/Bund/Ost

Ledige (Grundtabelle) Berechnungen mit Überstundenentgelten*)

Einkommensteuertarif ab 2017 (unter Einschluss des Solidaritätszuschlages [5,5 %])

Entgelte ab 1.2.2017 bis 28.2.2018 Sozialversicherung einschließlich Pflegeversicherung ab 1.1.2017

Überstd.-Entg.: (BAT X) TVöD E.-Gr.1 13,65 €
Überstd.-Entg.: (BAT IXb/a) TVöD E.-Gr.2 16,98 €

Std.	Brutto	Steuern	Sozial-vers.	Summe €	Abzüge %	Netto	Brutto	Steuern	Sozial-vers.	Summe €	Abzüge %	Netto
40,0	1953,36	190,20	405,81	596,01	30,5	1357,35	2429,62	305,20	504,75	809,95	33,3	1619,67
41,0	2012,71	204,00	418,14	622,14	30,9	1390,57	2503,45	323,80	520,09	843,89	33,7	1659,56
42,0	2072,06	218,00	430,47	648,47	31,3	1423,59	2577,28	342,70	535,43	878,13	34,1	1699,15
43,0	2131,41	232,10	442,80	674,90	31,7	1456,51	2651,11	361,70	550,77	912,47	34,4	1738,64
44,0	2190,76	246,40	455,13	701,53	32,0	1489,23	2724,94	381,00	566,11	947,11	34,8	1777,83
45,0	2250,11	260,80	467,46	728,26	32,4	1521,85	2798,77	400,50	581,44	981,94	35,1	1816,82
46,0	2309,46	275,40	479,79	755,19	32,7	1554,27	2872,60	420,30	596,78	1017,08	35,4	1855,51
47,0	2368,81	290,00	492,12	782,12	33,0	1586,69	2946,42	440,20	612,12	1052,32	35,7	1894,10
48,0	2428,17	304,80	504,45	809,25	33,3	1618,91	3020,25	460,40	627,46	1087,86	36,0	1932,40
49,0	2487,52	319,80	516,78	836,58	33,6	1650,93	3094,08	480,70	642,80	1123,50	36,3	1970,59
50,0	2546,87	334,90	529,11	864,01	33,9	1682,85	3167,91	501,40	658,13	1159,53	36,6	2008,38
51,0	2606,22	350,10	541,44	891,54	34,2	1714,67	3241,74	522,10	673,47	1195,57	36,9	2046,17
52,0	2665,57	365,50	553,77	919,27	34,5	1746,29	3315,57	543,20	688,81	1232,01	37,2	2083,56
53,0	2724,92	381,00	566,10	947,10	34,8	1777,81	3389,40	564,50	704,15	1268,65	37,4	2120,75
54,0	2784,27	396,70	578,43	975,13	35,0	1809,14	3463,23	585,90	719,49	1305,39	37,7	2157,84
55,0	2843,62	412,50	590,76	1003,26	35,3	1840,36	3537,06	607,50	734,82	1342,32	38,0	2194,73
56,0	2902,97	428,50	603,09	1031,59	35,5	1871,38	3610,89	629,40	750,16	1379,56	38,2	2231,32
57,0	2962,32	444,50	615,42	1059,92	35,8	1902,40	3684,71	651,60	765,50	1417,10	38,5	2267,62
58,0	3021,67	460,70	627,75	1088,45	36,0	1933,22	3758,54	673,90	780,84	1454,74	38,7	2303,81
59,0	3081,02	477,10	640,08	1117,18	36,3	1963,84	3832,37	696,50	796,18	1492,68	38,9	2339,70
60,0	3140,37	493,60	652,41	1146,01	36,5	1994,36	3906,20	719,30	811,51	1530,81	39,2	2375,39
61,0	3199,72	510,30	664,74	1175,04	36,7	2024,68	3980,03	742,30	826,85	1569,15	39,4	2410,88
62,0	3259,07	527,00	677,07	1204,07	36,9	2055,00	4053,86	765,40	842,19	1607,59	39,7	2446,27
63,0	3318,42	544,00	689,40	1233,40	37,2	2085,02	4127,69	788,90	857,53	1646,43	39,9	2481,26
64,0	3377,77	561,00	701,73	1262,73	37,4	2115,04	4201,52	812,50	872,87	1685,37	40,1	2516,15
65,0	3437,12	578,30	714,06	1292,36	37,6	2144,76	4275,35	836,50	888,20	1724,70	40,3	2550,64
66,0	3496,47	595,60	726,39	1321,99	37,8	2174,48	4349,18	860,50	903,54	1764,04	40,6	2585,13
67,0	3555,82	613,10	738,72	1351,82	38,0	2204,00	4423,00	887,50	546,24	1433,74	32,4	2989,27
68,0	3615,17	630,80	751,05	1381,85	38,2	2233,32	4496,83	915,00	554,25	1469,25	32,7	3027,59
69,0	3674,52	648,50	763,38	1411,88	38,4	2262,64	4570,66	942,50	562,26	1504,76	32,9	3065,91
70,0	3733,87	666,40	775,71	1442,11	38,6	2291,76	4644,49	970,50	570,27	1540,77	33,2	3103,72

*) 39,0 Std./Woche x 4,348 x Stundenentgelt einschließlich anteilige Jahressonderzahlung plus Überstunden/Woche x 4,348 x Überstundenentgelt. Unterstellt ist eine regelmäßige monatliche Ableistung von Überstunden. Nicht berücksichtigt ist dabei, ob die Überstunden auch an Sonn- und Feiertagen und/oder nachts geleistet werden. Hierfür fallen Sonderzuschläge an.
Darüber hinaus gelten steuerliche Sonderregelungen.

noch Tabelle 2.4

Überstd.-Entg.: (BAT VIII) TVöD E.-Gr.3 18,30 €   Überstd.-Entg.: (BAT VII) TVöD E.-Gr.5 19,92 €

Std.	Brutto	Steuern	Sozial-vers.	Summe Abzüge €	%	Netto	Brutto	Steuern	Sozial-vers.	Summe Abzüge €	%	Netto
40,0	2619,35	353,50	544,17	897,67	34,3	1721,68	2850,07	414,20	592,10	1006,30	35,3	1843,77
41,0	2698,92	374,20	560,70	934,90	34,6	1764,02	2936,68	437,50	610,10	1047,60	35,7	1889,08
42,0	2778,49	395,10	577,23	972,33	35,0	1806,16	3023,29	461,20	628,09	1089,29	36,0	1934,00
43,0	2858,06	416,40	593,76	1010,16	35,3	1847,89	3109,90	485,10	646,08	1131,18	36,4	1978,72
44,0	2937,62	437,80	610,29	1048,09	35,7	1889,53	3196,52	509,40	664,08	1173,48	36,7	2023,04
45,0	3017,19	459,50	626,82	1086,32	36,0	1930,87	3283,13	533,90	682,07	1215,97	37,0	2067,16
46,0	3096,76	481,50	643,35	1124,85	36,3	1971,91	3369,74	558,70	700,06	1258,76	37,4	2110,98
47,0	3176,33	503,70	659,88	1163,58	36,6	2012,75	3456,35	583,90	718,06	1301,96	37,7	2154,40
48,0	3255,90	526,20	676,41	1202,61	36,9	2053,28	3542,97	609,30	736,05	1345,35	38,0	2197,61
49,0	3335,47	548,90	692,94	1241,84	37,2	2093,62	3629,58	635,00	754,04	1389,04	38,3	2240,53
50,0	3415,03	571,90	709,47	1281,37	37,5	2133,66	3716,19	661,10	772,04	1433,14	38,6	2283,05
51,0	3494,60	595,00	726,00	1321,00	37,8	2173,60	3802,80	687,40	790,03	1477,43	38,9	2325,37
52,0	3574,17	618,50	742,53	1361,03	38,1	2213,14	3889,41	714,00	808,03	1522,03	39,1	2367,39
53,0	3653,74	642,30	759,06	1401,36	38,4	2252,38	3976,03	741,00	826,02	1567,02	39,4	2409,01
54,0	3733,31	666,30	775,59	1441,89	38,6	2291,41	4062,64	768,20	844,01	1612,21	39,7	2450,42
55,0	3812,88	690,50	792,13	1482,63	38,9	2330,25	4149,25	795,80	862,01	1657,81	40,0	2491,44
56,0	3892,44	715,00	808,66	1523,66	39,1	2368,79	4235,86	823,60	880,00	1703,60	40,2	2532,26
57,0	3972,01	739,70	825,19	1564,89	39,4	2407,13	4322,47	851,80	897,99	1749,79	40,5	2572,68
58,0	4051,58	764,80	841,72	1606,52	39,7	2445,07	4409,09	882,50	544,73	1427,23	32,4	2981,86
59,0	4131,15	790,00	858,25	1648,25	39,9	2482,90	4495,70	914,50	554,12	1468,62	32,7	3027,08
60,0	4210,72	815,50	874,78	1690,28	40,1	2520,44	4582,31	947,00	563,52	1510,52	33,0	3071,79
61,0	4290,29	841,30	891,31	1732,61	40,4	2557,68	4668,92	979,80	572,92	1552,72	33,3	3116,20
62,0	4369,85	868,00	540,47	1408,47	32,2	2961,39	4755,54	1013,00	582,32	1595,32	33,5	3160,22
63,0	4449,42	897,40	549,10	1446,50	32,5	3002,92	4842,15	1046,50	591,71	1638,21	33,8	3203,93
64,0	4528,99	927,00	557,74	1484,74	32,8	3044,26	4928,76	1080,50	601,11	1681,61	34,1	3247,15
65,0	4608,56	956,90	566,37	1523,27	33,1	3085,29	5015,37	1114,80	610,51	1725,31	34,4	3290,06
66,0	4688,13	987,10	575,00	1562,10	33,3	3126,03	5101,98	1149,50	619,91	1769,41	34,7	3332,58
67,0	4767,70	1017,60	583,64	1601,24	33,6	3166,46	5188,60	1184,50	629,30	1813,80	35,0	3374,79
68,0	4847,27	1048,50	592,27	1640,77	33,8	3206,50	5275,21	1220,00	638,70	1858,70	35,2	3416,51
69,0	4926,83	1079,70	600,90	1680,60	34,1	3246,23	5361,82	1255,70	648,10	1903,80	35,5	3458,02
70,0	5006,40	1111,20	609,53	1720,73	34,4	3285,67	5448,43	1291,70	657,49	1949,19	35,8	3499,24

Überstd.-Entg.: (BAT VIa/b) TVöD E.-Gr.6 20,77 €   Überstd.-Entg.: (BAT VC) TVöD E.-Gr.8 22,49 €

Std.	Brutto	Steuern	Sozial-vers.	Summe Abzüge €	%	Netto	Brutto	Steuern	Sozial-vers.	Summe Abzüge €	%	Netto
40,0	2972,82	447,40	617,60	1065,00	35,8	1907,81	3218,40	515,50	668,62	1184,12	36,8	2034,28
41,0	3063,12	472,20	636,36	1108,56	36,2	1954,56	3316,19	543,40	688,94	1232,34	37,2	2083,85
42,0	3153,43	497,30	655,13	1152,43	36,5	2001,01	3413,97	571,50	709,25	1280,75	37,5	2133,22
43,0	3243,74	522,70	673,89	1196,59	36,9	2047,15	3511,76	600,10	729,57	1329,67	37,9	2182,09
44,0	3334,05	548,50	692,65	1241,15	37,2	2092,90	3609,54	629,00	749,88	1378,88	38,2	2230,66
45,0	3424,36	574,50	711,41	1285,91	37,6	2138,45	3707,33	658,40	770,20	1428,60	38,5	2278,73
46,0	3514,66	601,00	730,17	1331,17	37,9	2183,49	3805,12	688,10	790,51	1478,61	38,9	2326,50
47,0	3604,97	627,70	748,93	1376,63	38,2	2228,34	3902,90	718,30	810,83	1529,13	39,2	2373,78
48,0	3695,28	654,80	767,69	1422,49	38,5	2272,79	4000,69	748,80	831,14	1579,94	39,5	2420,75
49,0	3785,59	682,20	786,46	1468,66	38,8	2316,93	4098,48	779,60	851,46	1631,06	39,8	2467,42
50,0	3875,90	709,90	805,22	1515,12	39,1	2360,78	4196,26	810,90	871,77	1682,67	40,1	2513,59
51,0	3966,20	737,90	823,98	1561,88	39,4	2404,32	4294,05	842,50	892,09	1734,59	40,4	2559,46
52,0	4056,51	766,30	842,74	1609,04	39,7	2447,47	4391,84	876,00	542,85	1418,85	32,3	2972,98
53,0	4146,82	795,00	861,50	1656,50	39,9	2490,32	4489,62	912,20	553,46	1465,66	32,6	3023,96
54,0	4237,13	824,00	880,26	1704,26	40,2	2532,86	4587,41	948,90	564,07	1512,97	33,0	3074,44
55,0	4327,44	853,40	899,02	1752,42	40,5	2575,01	4685,20	986,00	574,68	1560,68	33,3	3124,51
56,0	4417,74	885,60	545,67	1431,27	32,4	2986,48	4782,98	1023,50	585,29	1608,79	33,6	3174,19
57,0	4508,05	919,10	555,46	1474,56	32,7	3033,49	4880,77	1061,60	595,90	1657,50	34,0	3223,27
58,0	4598,36	953,00	565,26	1518,26	33,0	3080,10	4978,56	1100,10	606,51	1706,61	34,3	3271,94
59,0	4688,67	987,30	575,06	1562,36	33,3	3126,31	5076,34	1139,10	617,12	1756,22	34,6	3320,12
60,0	4778,98	1022,00	584,86	1606,86	33,6	3172,12	5174,13	1178,60	627,73	1806,33	34,9	3367,80
61,0	4869,28	1057,10	594,66	1651,76	33,9	3217,53	5271,92	1218,60	638,34	1856,94	35,2	3414,97
62,0	4959,59	1092,60	604,46	1697,06	34,2	3262,54	5369,70	1259,00	648,95	1907,95	35,5	3461,75
63,0	5049,90	1128,50	614,25	1742,75	34,5	3307,15	5467,49	1299,60	659,56	1959,16	35,8	3508,33
64,0	5140,21	1164,90	624,05	1788,95	34,8	3351,25	5565,28	1340,10	670,17	2010,27	36,1	3555,00
65,0	5230,51	1201,60	633,85	1835,45	35,1	3395,06	5663,06	1380,70	680,78	2061,48	36,4	3601,58
66,0	5320,82	1238,80	643,65	1882,45	35,4	3438,37	5760,85	1423,00	684,79	2107,79	36,6	3653,06
67,0	5411,13	1276,20	653,45	1929,65	35,7	3481,48	5858,63	1466,40	684,79	2151,19	36,7	3707,44
68,0	5501,44	1313,70	663,25	1976,95	35,9	3524,49	5956,42	1509,70	684,79	2194,49	36,8	3761,93
69,0	5591,75	1351,10	673,04	2024,14	36,2	3567,60	6054,21	1553,00	684,79	2237,79	37,0	3816,42
70,0	5682,05	1388,60	682,84	2071,44	36,5	3610,61	6151,99	1596,40	684,79	2281,19	37,1	3870,80

noch Tabelle 2.4

Überstd.-Entg.: (BAT Vb/a) TVöD E.-Gr.9 24,10 €

Std.	Brutto	Steuern	Sozial-vers.	Summe Abzüge €	Summe Abzüge %	Netto
40,0	3426,80	575,30	711,92	1287,22	37,6	2139,59
41,0	3531,59	606,00	733,69	1339,69	37,9	2191,90
42,0	3636,38	637,10	755,46	1392,56	38,3	2243,82
43,0	3741,16	668,60	777,23	1445,83	38,6	2295,34
44,0	3845,95	700,70	799,00	1499,70	39,0	2346,26
45,0	3950,74	733,10	820,77	1553,87	39,3	2396,87
46,0	4055,53	765,90	842,54	1608,44	39,7	2447,09
47,0	4160,31	799,30	864,30	1663,60	40,0	2496,71
48,0	4265,10	833,00	886,07	1719,07	40,3	2546,02
49,0	4369,89	868,00	540,47	1408,47	32,2	2961,41
50,0	4474,67	906,70	551,84	1458,54	32,6	3016,13
51,0	4579,46	945,90	563,21	1509,11	33,0	3070,35
52,0	4684,25	985,60	574,58	1560,18	33,3	3124,07
53,0	4789,03	1026,00	585,95	1611,95	33,7	3177,08
54,0	4893,82	1066,70	597,32	1664,02	34,0	3229,80
55,0	4998,61	1108,10	608,69	1716,79	34,3	3281,82
56,0	5103,39	1150,00	620,06	1770,06	34,7	3333,33
57,0	5208,18	1192,50	631,43	1823,93	35,0	3384,25
58,0	5312,97	1235,50	642,80	1878,30	35,4	3434,67
59,0	5417,75	1278,90	654,17	1933,07	35,7	3484,69
60,0	5522,54	1322,40	665,54	1987,94	36,0	3534,60
61,0	5627,33	1365,90	676,91	2042,81	36,3	3584,52
62,0	5732,11	1410,30	684,79	2095,09	36,6	3637,02
63,0	5836,90	1456,70	684,79	2141,49	36,7	3695,41
64,0	5941,69	1503,20	684,79	2187,99	36,8	3753,70
65,0	6046,47	1549,60	684,79	2234,39	37,0	3812,08
66,0	6151,26	1596,00	684,79	2280,79	37,1	3870,47
67,0	6256,05	1642,50	684,79	2327,29	37,2	3928,76
68,0	6360,83	1688,90	684,79	2373,69	37,3	3987,15
69,0	6465,62	1735,30	684,79	2420,09	37,4	4045,53
70,0	6570,41	1781,70	684,79	2466,49	37,5	4103,92

Überstd.-Entg.: (BAT IVa) TVöD E.-Gr.10 24,66 €

Std.	Brutto	Steuern	Sozial-vers.	Summe Abzüge €	Summe Abzüge %	Netto
40,0	3948,86	732,50	820,38	1552,88	39,3	2395,99
41,0	4056,09	766,20	842,65	1608,85	39,7	2447,23
42,0	4163,31	800,30	864,93	1665,23	40,0	2498,08
43,0	4270,53	834,90	887,20	1722,10	40,3	2548,43
44,0	4377,75	870,90	541,33	1412,23	32,3	2965,52
45,0	4484,97	910,50	552,96	1463,46	32,6	3021,51
46,0	4592,19	950,70	564,59	1515,29	33,0	3076,90
47,0	4699,42	991,50	576,23	1567,73	33,4	3131,69
48,0	4806,64	1032,70	587,86	1620,56	33,7	3186,08
49,0	4913,86	1074,60	599,49	1674,09	34,1	3239,77
50,0	5021,08	1117,00	611,13	1728,13	34,4	3292,95
51,0	5128,30	1160,00	622,76	1782,76	34,8	3345,54
52,0	5235,52	1203,70	634,39	1838,09	35,1	3397,43
53,0	5342,75	1247,90	646,03	1893,93	35,4	3448,82
54,0	5449,97	1292,40	657,66	1950,06	35,8	3499,91
55,0	5557,19	1336,90	669,30	2006,20	36,1	3550,99
56,0	5664,41	1381,30	680,93	2062,23	36,4	3602,18
57,0	5771,63	1427,80	684,79	2112,59	36,6	3659,04
58,0	5878,85	1475,40	684,79	2160,19	36,7	3718,66
59,0	5986,08	1522,80	684,79	2207,59	36,9	3778,49
60,0	6093,30	1570,40	684,79	2255,19	37,0	3838,11
61,0	6200,52	1617,90	684,79	2302,69	37,1	3897,83
62,0	6307,74	1665,40	684,79	2350,19	37,3	3957,55
63,0	6414,96	1712,90	684,79	2397,69	37,4	4017,27
64,0	6522,18	1760,40	684,79	2445,19	37,5	4076,99
65,0	6629,41	1807,90	684,79	2492,69	37,6	4136,72
66,0	6736,63	1855,40	684,79	2540,19	37,7	4196,44
67,0	6843,85	1903,00	684,79	2587,79	37,8	4256,06
68,0	6951,07	1950,50	684,79	2635,29	37,9	4315,78
69,0	7058,29	1998,00	684,79	2682,79	38,0	4375,50
70,0	7165,51	2045,50	684,79	2730,29	38,1	4435,22

Überstd.-Entg.: (BAT IVa) TVöD E.-Gr.11 25,52 €

Std.	Brutto	Steuern	Sozial-vers.	Summe Abzüge €	Summe Abzüge %	Netto
40,0	4086,99	775,90	849,07	1624,97	39,8	2462,02
41,0	4197,95	811,40	872,12	1683,52	40,1	2514,43
42,0	4308,91	847,40	895,18	1742,58	40,4	2566,34
43,0	4419,87	886,50	545,90	1432,40	32,4	2987,48
44,0	4530,83	927,60	557,94	1485,54	32,8	3045,30
45,0	4641,79	969,50	569,97	1539,47	33,2	3102,32
46,0	4752,76	1011,90	582,01	1593,91	33,5	3158,84
47,0	4863,72	1055,00	594,05	1649,05	33,9	3214,66
48,0	4974,68	1098,60	606,09	1704,69	34,3	3269,98
49,0	5085,64	1142,90	618,13	1761,03	34,6	3324,61
50,0	5196,60	1187,80	630,17	1817,97	35,0	3378,63
51,0	5307,56	1233,30	642,21	1875,51	35,3	3432,05
52,0	5418,52	1279,30	654,25	1933,55	35,7	3484,97
53,0	5529,48	1325,30	666,29	1991,59	36,0	3537,89
54,0	5640,44	1371,40	678,33	2049,73	36,3	3590,71
55,0	5751,40	1418,90	684,79	2103,69	36,6	3647,71
56,0	5862,37	1468,00	684,79	2152,79	36,7	3709,58
57,0	5973,33	1517,20	684,79	2201,99	36,9	3771,34
58,0	6084,29	1566,40	684,79	2251,19	37,0	3833,10
59,0	6195,25	1615,50	684,79	2300,29	37,1	3894,96
60,0	6306,21	1664,70	684,79	2349,49	37,3	3956,72
61,0	6417,17	1713,90	684,79	2398,69	37,4	4018,48
62,0	6528,13	1763,00	684,79	2447,79	37,5	4080,34
63,0	6639,09	1812,20	684,79	2496,99	37,6	4142,10
64,0	6750,05	1861,40	684,79	2546,19	37,7	4203,86
65,0	6861,01	1910,50	684,79	2595,29	37,8	4265,72
66,0	6971,97	1959,70	684,79	2644,49	37,9	4327,48
67,0	7082,94	2008,90	684,79	2693,69	38,0	4389,25
68,0	7193,90	2058,00	684,79	2742,79	38,1	4451,11
69,0	7304,86	2107,20	684,79	2791,99	38,2	4512,87
70,0	7415,82	2156,40	684,79	2841,19	38,3	4574,63

Tabelle 3a (Monat)

Entgelttabelle des TVöD/Bund (Entgeltgruppen in den Tarifgebieten West und Ost (ab 1.3.2016 bis 31.1.2017)

Entgeltgruppe[1] (BAT)	TVöD	Stufen[2] 1 (€)	2	3	4	5	6
IV a	11	3095,36	3427,56	3676,82	4050,72	4592,90	4842,18
IV b	10	2986,43	3302,89	3552,17	3801,47	4275,08	4387,25
V b/a	9	2648,85	2925,94	3071,16	3464,92	3776,53	4025,78
V c	8	2485,48	2744,42	2865,46	2974,36	3095,36	3171,59
VI a/b	6	2289,44	2526,62	2647,62	2762,59	2841,25	2919,91
VII	5	2197,47	2423,78	2538,73	2653,69	2738,39	2798,90
VIII	3	2060,76	2272,49	2333,03	2429,82	2502,44	2568,98
IX a/b	2	1908,26	2103,09	2163,60	2224,12	2357,19	2496,38
X	1		1711,04	1740,08	1776,39	1810,25	1897,38

Entgeltgruppe (BAT)	TVöD Entgeltgruppe	Überstundenentgelt €
IV a	11	24,93
IV b	10	24,09
V a/b	9	23,54
V c	8	21,97
VI a/b	6	20,29
VII	5	19,46
VIII	3	17,89
IX a/b	2	16,59
X	1	13,34

Errechnung des Gesamtentgeltes

I. Tarifliche Arbeitszeit = 39,0 Std./Woche + ggf. Überstunden
  1) Entgelt
  2) + ggf.... Überstunden/Woche x Überstundenentgelt x 4,348
  3) = Zwischensumme
  4) + Arbeitgeberanteil zur Sozialversicherung[3]
  5) = Entgelt insgesamt €/Monat
  ========================

II. Geringere als tarifliche Arbeitszeit
  1) Entgelt x ... Std.. Arbeitszeit/Woche
     Tarifliche Arbeitszeit/Woche
     ----
  2) = Zwischensumme
  3) + Arbeitgeberanteil zur Sozialversicherung[3]
  4) = Entgelt insgesamt €/Monat
  ========================

[1] Eingruppierung von Ersatzkräften nach Vorschlägen von Dr. Hermann Schulz-Borck. (Siehe Frank Pardey – Der Haushaltsführungsschaden- 8. Auflage, S.104). In den Tarifverhandlungen 2016 wurde ein Maßnahmenpaket zur Gewinnung und Bindung von Fachkräften vereinbart, wie die verbesserte Anerkennung von Berufserfahrungszeiten und eine weitere Einkommensperspektive durch den Ausbau der Entgeltgruppe 6.

[2] Stufe 1: im ersten Jahr nach der Einstellung; Stufe 2: nach einem Jahr in Stufe 1; Stufe 3: nach 2 Jahren in Stufe 2; Stufe 4: nach 3 Jahren in Stufe 3; Stufe 5: nach 4 Jahren in Stufe 4; Stufe 6: nach 5 Jahren in Stufe 5 (bei Entgeltgruppen 2 bis 8).

[3] Vgl. Sozialversicherung Beitragssätze für Arbeitgeber und Arbeitnehmer ab 1.1.2017 (AOK Niedersachsen):
  Krankenversicherung = 14,60 % (Arbeitgeber 7,30 %, Arbeitnehmer 7,30 % + ggf. Zusatzbeitrag x %)
  Pflegeversicherung = 2,55 % (Arbeitgeber 1,275 %, Arbeitnehmer 1,275 % + ggf. 0,25 % für Kinderlose)
  Rentenversicherung = 18,70 % (Arbeitgeber und Arbeitnehmer jeweils 9,35 %)
  Arbeitslosenversicherung = 3,00 % (Arbeitgeber und Arbeitnehmer jeweils 1,50 %)

Die Jahressonderzahlung (früher Weinachts- und Urlaubsgeld) beträgt in den alten Bundesländern: 90 % in den Entgeltgruppen 1 bis 8 und 80 % in den Entgeltgruppen 9 bis 11. In den neuen Bundesländern wird die Jahressonderzahlung schrittweise bis 2020 auf das Westniveau angehoben; für 2017: 76,5 % bzw. 68 % des in den Monaten Juli, August und September durchschnittlich gezahlten Entgeltes. Außerplanmäßige Überstunden bleiben unberücksichtigt.

Quelle: Neuregelungen der Entgelte für die Tarifbeschäftigten, Auszubildenden und Praktikantinnen/Praktikanten des Bundes ab dem 1.3.2016. Hier: Bekanntmachung der Entgelttabellen sowie Hinweise zur Zahlbarmachung. Rundschreiben BMI v. 11.7.2016, AZ D5-31002/42#9.

Tabelle 3b (Monat)

Entgelttabelle des TVöD/Bund (Entgeltgruppen in den Tarifgebieten West und Ost (ab 1.2.2017 bis 28.2.2018

Entgeltgruppe[1]		Stufen[2]					
(BAT)	TVöD	1	2	3	4	5	6
				(€)			
IV a	11	3168,10	3508,11	3763,23	4145,91	4700,83	4955,97
IV b	10	3056,61	3380,51	3635,65	3890,80	4375,54	4490,35
V a/b	9	2711,10	2994,70	3143,33	3546,35	3865,28	4120,39
V c	8	2543,89	2808,91	2932,80	3044,26	3168,10	3246,12
VI a/b	6	2343,24	2586,00	2709,84	2827,51	2908,02	2988,53
VII	5	2249,11	2480,74	2598,39	2716,05	2802,74	2864,67
VIII	3	2109,19	2325,89	2387,86	2486,92	2561,25	2629,35
IX a/b	2	1953,10	2152,51	2214,44	2276,39	2412,58	2555,04
X	1		1751,25	1708,97	1818,14	1852,79	1941,97

Entgelt-gruppe (BAT)	TVöD Entgelt-Gruppe	Über-stunden-entgelt €
IV a	11	25,52
IV b	10	24,66
V a/b	9	24,10
V c	8	22,49
VI a/b	6	20,77
VII	5	19,92
VIII	3	18,30
IX a/b	2	16,98
X	1	13,65

Errechnung des Gesamtentgeltes

I. Tarifliche Arbeitszeit = 39,0 Std./Woche + ggf. Überstunden

1) Entgelt
2) + ggf.... Überstunden/Woche x Überstundenentgelt x 4,348
3) = Zwischensumme
4) + Arbeitgeberanteil zur Sozialversicherung[3]
5) = Entgelt insgesamt €/Monat
======================

II. Geringere als tarifliche Arbeitszeit

1) Entgelt x … Std.. Arbeitszeit/Woche
   Tarifliche Arbeitszeit/Woche
----
2) = Zwischensumme
3) + Arbeitgeberanteil zur Sozialversicherung[3]
4) = Entgelt insgesamt €/Monat
======================

[1] Eingruppierung von Ersatzkräften nach Vorschlägen von Dr. Hermann Schulz-Borck. (Siehe Frank Pardey – Der Haushaltsführungsschaden- 8. Auflage, S.104). In den Tarifverhandlungen 2016 wurde ein Maßnahmenpaket zur Gewinnung und Bindung von Fachkräften vereinbart, wie die verbesserte Anerkennung von Berufserfahrungszeiten und eine weitere Einkommensperspektive durch den Ausbau der Entgeltgruppe 6.

[2] Stufe 1: im ersten Jahr nach der Einstellung; Stufe 2: nach einem Jahr in Stufe 1;
Stufe 3: nach 2 Jahren in Stufe 2; Stufe 4: nach 3 Jahren in Stufe 3;
Stufe 5: nach 4 Jahren in Stufe 4; Stufe 6: nach 5 Jahren in Stufe 5 (bei Entgeltgruppen 2 bis 8).

[3] Vgl. Sozialversicherung Beitragssätze für Arbeitgeber und Arbeitnehmer ab 1.1.2017 (AOK Niedersachsen):

Krankenversicherung	= 14,60 % (Arbeitgeber 7,30 %, Arbeitnehmer 7,30 % + ggf. Zusatzbeitrag x %)
Pflegeversicherung	= 2,55 % (Arbeitgeber 1,275 %, Arbeitnehmer 1,275 % + ggf. 0,25 % für Kinderlose)
Rentenversicherung	= 18,70 % (Arbeitgeber und Arbeitnehmer jeweils 9,35 %)
Arbeitslosenversicherung	= 3,00 % (Arbeitgeber und Arbeitnehmer jeweils 1,50 %)

Die Jahressonderzahlung (früher Weinachts- und Urlaubsgeld) beträgt in den alten Bundesländern: 90 % in den Entgeltgruppen 1 bis 8 und 80 % in den Entgeltgruppen 9 bis 11. In den neuen Bundesländern wird die Jahressonderzahlung schrittweise bis 2020 auf das Westniveau angehoben; für 2017: 76,5 % bzw. 68 % des in den Monaten Juli, August und September durchschnittlich gezahlten Entgeltes. Außerplanmäßige Überstunden bleiben unberücksichtigt.

Quelle: Neuregelungen der Entgelte für die Tarifbeschäftigten, Auszubildenden und Praktikantinnen/Praktikanten des Bundes ab dem 1.3.2016. Hier: Bekanntmachung der Entgelttabellen sowie Hinweise zur Zahlbarmachung. Rundschreiben BMI v. 11.7.2016, AZ D5-31002/42#9.

Gleich kaufen?

VersR DATENBANK

14 Tage unverbindlich testen

VersR DATENBANK Testzugang

ISBN 978-3-86298-998-0

Testen Sie 14 Tage unverbindlich die neue **VersR** DATENBANK.

VersR DATENBANK ist die Onlineausgabe der juristischen Fachzeitschrift Versicherungsrecht (VersR). Im Volltext erfasst sind alle seit 1970 in der VersR veröffentlichten Entscheidungen zum Versicherungsrecht, Haftungs- und Schadensrecht sowie sämtliche Aufsätze. Zusätzlich kann auch auf die wichtigsten Allgemeinen Versicherungsbedingungen (AVB) im Volltext zugegriffen werden. Die Anwendung bietet einen hohen Bedienungskomfort für eine komfortable Recherche. So können in dem umfassenden elektronischen Archiv von 46 Jahrgängen der Zeitschrift VersR die benötigten Informationen rasch, gezielt und auf einfache Weise gefunden werden. Problemlos ist auch das Ausdrucken und das Einfügen von Dokumenten in Textverarbeitungsprogramme sowie der direkte Zugriff aus angezeigten Dokumenten auf zitierte VersR-Fundstellen bzw. AVB möglich. Die **VersR** DATENBANK wird heftweise aktualisiert, sodass Sie bei Ihren Recherchen stets auf dem Laufenden bleiben.

Weitere Informationen: versr.de/datenbank/testzugang

VersR DATENBANK

- Onlineausgabe der Zeitschrift VersR
- Recherchemöglichkeit in allen seit 1970 veröffentlichten Entscheidungen und Aufsätzen
- Zugriff auf die wichtigsten Allgemeinen Versicherungsbedingungen (AVB)

versr_testzugang_1s_170221_sw

WWW. Versicherungs-, Haftungs- und Schadensrecht täglich online auf versr.de

TWITTER. Folgen Sie uns @VersR_DE

XING. Folgen Sie uns VersR

 **Erst testen?**

VersR DATENBANK

Jetzt bestellen unter versr.de

Ihre Vorteile auf einen Blick:

- Über 44.000 Entscheidungen zum Versicherungsrecht, Haftungs- und Schadensrecht
- Mehr als 3.500 Aufsätze und Fachbeiträge
- Zugriff auf die wichtigsten Allgemeinen Versicherungsbedingungen (AVB) im Volltext
- Hoher Bedienungskomfort durch nutzerfreundliche Oberfläche
- Alle Jahrgänge der Zeitschrift VersR seit 1970 inklusive
- Immer heftaktuell – immer zuverlässig informiert

Datenbank:

Anzahl Nutzer	1	3	5
Halbjahresabo	185 €* statt 257 €*	195 €* statt 771 €*	325 €* statt 1.285 €*
	Halbjahrespreise in den ersten 24 Monaten.		
Ersparnis	144 €* pro Jahr	1.152 €* pro Jahr	1.920 €* pro Jahr

* In den ersten 24 Monaten zum Halbjahrespreis von 185 € (bzw. 195 € oder 325 €), danach 257 € (bzw. 771 € oder 1.285 €). Mindestlaufzeit beträgt 6 Monate und verlängert sich danach automatisch um weitere 6 Monate. Die Kündigungsfrist beläuft sich auf vier Wochen zum Bezugszeitende. Die Bestellung kann innerhalb von zwei Wochen ohne Angabe von Gründen schriftlich widerrufen werden. Die Frist beginnt mit dem Bestelldatum.

 **SHOP.** Ganz einfach bestellen unter versr.de

 **TWITTER.** Folgen Sie uns @VersR_DE

 **XING.** Folgen Sie uns VersR